ゼロ から ＞ スタート！

水野 健 の

改訂版

宅建士

1冊目 書

JN054886

LEC専任講師 **水野健** 著

LEC東京リーガルマインド 監修

KADOKAWA

LECで大人気の 水野講師が合格へナビゲート！

1冊目の教科書に最適！

勉強嫌いを 勉強好きに！ 一緒に合格を 目指しましょう

宅地建物取引士・行政書士

水野　健（みずの・けん）

司法書士事務所にて勤務する中で、不動産のトラブル解決や登記業務を行う。独立後、LEC東京リーガルマインドで宅地建物取引士講座の教壇に立ちながら、行政書士として宅建業免許申請や更新申請等を行う。さらに不動産業経営者として不動産実務にも幅広く携わっている。

STEP 1 水野講師の ここがすごい！

1 講師歴23年で合格者を多数輩出！ 人気の宅建ブログを運営

LEC宅建士講座の講師歴は23年で、宅建トップのエース講師です。宅建ブログ「水野健の宅建・合格魂！養成ブログ」（2023年9月現在）を運営。受験者の支持を得ています！

2 不動産実務に即した具体例と熱い講義スタイルが好評

不動産業経営者としての実務経験を生かし、単なる知識説明にとどまらない、実務や日常生活で生じる身近な事例を用いた講義がわかりやすく勉強に興味をもてると評判です。勉強が苦手な方も楽しく学習が進められます。

受講者の声

- 実務に直結した具体例が面白く、記憶に残った
- 頻出ポイントがおさえられており、合格の決め手になった
- 明快な語り口で専門用語がわかりやすく、苦手な「法令上の制限」の理解が進んだ
- 暗記事項は最小限に抑え、余分なところは覚えなくてよい方式がよかった

STEP 2　合格への確実な一歩が踏み出せる

宅建士のテキストは法律の体系上、民法の権利関係から始まるものが多く、法律への苦手意識が生まれやすくなります。本書は、**宅建業務の流れに沿って宅地建物取引業法から学ぶ構成**にしています。実務に合わせた構成で**イメージしながら学習できるため、初学者に最適**です。重要かつ得点しやすい宅建業法から学ぶことで、モチベーションを下げずに学習が進められるメリットもあります。

STEP 3　最短ルートの学習法を示します

その1 実際の講義をベースに出るところを凝縮！

人気講義を忠実に再現。頻出ポイントをおさえたムダのない解説により、最短で基礎知識の習得ができます。

その2 重要事項は図表で整理。記憶に定着しやすい

宅建士は暗記項目が多いため、「覚えるべきところ」と「覚えなくてもよいところ」のメリハリをつけて暗記することが肝心です。図表で整理されたポイントを何度も見返すことで、知識の定着が図れます。

その3 10時間で読み切れる見開き構成

宅建士合格に必要な基礎知識を1冊に凝縮。1項目見開きで左にポイントをおさえたわかりやすい解説、右に理解しやすい図やイラスト満載でどんどん読み進められます。ひと目でわかる★〜★★★で示した「重要度」も項目ごとに載っています。

宅建士合格を実現！
水野講師の合格メソッドを
誌面で再現

数ある宅建士試験のテキストから本書をお手に取っていただきありがとうございます！　LEC宅建士講師の水野です。

　近年の宅建士試験は年々難化傾向にあり、私が講師になった23年前と比べて別次元に難しくなってきました。すべての知識を網羅しようとすると大変分厚い本や3～4分冊構成となってしまいます。もちろん網羅的な本もしっかりした内容でよいのですが、効率よく短期合格するには、知識を理解するインプット用のテキストをなるべく早く通読して全体像をつかみ、いち早く過去問を解いていくことが重要です。過去問を解きながら知識を補っていくという方法が一番要領のよい勉強方法なのです。

　たとえば、水泳のクロールを覚えるのに、本を読んで「まず右の腕を回して、次に左の腕を回し、同時にバタ足をする」ことを覚える、というのは時間がもったいないのです。水に入って実際に泳ぐのが一番です。

　試験は問題を解けるようになることが重要なのですから、問題をいち早く解いてみることが大切です。ただ、法律は用語も難解でいきなり問題を解くのは無理があるため、本書では試験の骨格となる話をまとめてみました。

　ほかのテキストと異なる点は、実際の取引の流れに従って試験の知識の全体像をつかめるように構成している点です。

　法律という学問と実務は異なることが多いため、なるべく実際の仕事の流れに沿って作成してみました。これは、仕事のどの場面で必要な話なのかを理解しながら勉強したほうが、イメージをもちやすいからです。

　本書で内容をつかんでいただければ、過去問が全く解けないことはありません。要点をつかんだうえで過去問を解くことで、合格レベルに引き上げていくことが可能となります。最初から完璧な本でインプットするよりも、本書を活用すれば効率よく実力アップを図ることができます。

　ぜひ「不動産」に興味をもっていただき、宅建士試験に合格してください！

LEC専任講師／宅地建物取引士　水野 健

① 宅建士試験に合格する勉強法

◆ 合格の３大原則

　独学にせよ、学校で学ぶにせよ、どのような勉強法であれ、宅建士試験に受かるためには、大事なことが３点あります。これは、**合格の３大原則**といわれています。

　まず１つ目は、**満点をねらわないこと**です。満点をねらうというのは、出題範囲を全部完璧に理解しようとすることと同じです。

　すべて網羅しようとして勉強すると、２～３割の本当に重要なところがおろそかになってしまいます。 おさえなければならないポイントが、十分におさえられなくなるのです。

　２つ目は、**過去問を繰り返してしっかり解くこと**です。**過去問では重要なところがダイレクトに問われているので、「実際にこの知識は宅建士試験で問われているのだから、しっかりと覚えなければ」という気持ちになる**はずです。また、１肢１肢なぜ間違っているのか？　どこを変えれば○になるのか？　を考えながら丁寧に学ぶことで、理解が深まります。

　３つ目は、**改正点を大事にすること**です。

　宅建士試験の問題は、その年の４月１日現在で施行されている法令をもとに作られ、その改正点が出題されることもあります。ほかの国家試験であれば、改正点はむしろ出題が避けられることのほうが多いといえます（法令には一義的な解釈が難しいものもあるので、判例が出て解釈がはっきりしてから出題しようという考えからなのでしょう）。

　しかし、**宅建士試験では多いときには６、７カ所で改正点に関する知識が問われている**こともあります。これは、ほかの国家試験と比べた場合の、大きな特徴、特殊性といえるかもしれません。

　このように改正点を理解することは、合格のために非常に重要です。逆に改正点がわからないと、なかなか合格できないかもしれません。

◆ 試験直前期はラスト1週間に行うことを準備しておく

　勉強を進めていくうえでは、試験の直前、ラスト1週間の過ごし方を意識しておくことも必要です。ラスト1週間は、どうしても不安になるものです。何をしたらいいのかわからない状態、何も手につかない状態になり、なかには部屋の掃除を始めてしまう人もいるかもしれません。掃除をすると、懐かしいマンガなどが出てきて、それを読んで勉強せずに終わってしまう、そんなもったいない時間を過ごしてしまうことになるかもしれません。

　そうした状況を避けるために、ラスト1週間にすべきことを事前にしっかりと用意しておきましょう。たとえば、過去問の問題集やこれまでに受けた模擬試験の中に何度も間違えているような問題があれば、その部分をコピーして直前に見直せるようにしておくのも1つの手です。**1回だけでなく2回、3回と何度も間違えるような問題は、どうしても覚えられない「苦手部分」**といえるでしょう。**そのような弱点こそ、やはりラスト1週間に、できれば試験の前日にも見直しておくべきです。**

　また、自分が間違えたところ、苦手なところを直前にチェックできるように、サブノートの形にまとめておくのもよいかもしれません。

　要は、直前期にやるべきことを早い段階から準備しておくことです。それが宅建士試験の勉強ではとても大事になります。

◆ 宅建試験のおすすめの教材

　独学の場合は、試験対策を意識した書籍で学習するほうがより効率的です。以下におすすめの教材をあげていますので、教材選びの参考にしてください。

❶入門書（本書）

　まずは本書を通読して宅建試験の全体像と基礎用語を把握しましょう。以降の学習が効率的に進みます。本番直前対策のまとめとしても使えます。

❷テキスト

『この1冊で合格！ 水野健の宅建士 神テキスト』(KADOKAWA)

　図解を豊富に使用し、合格に必要な知識が効率的に身につく参考書です。実際に講義を受けているようなイメージで、すらすら学ぶことができます。

❸問題集

『この1冊で合格！ 水野健の宅建士 神問題集』(KADOKAWA)

『神テキスト』に対応した問題集です。過去問から重要問題を300問程度
セレクトし、解法テクニックや理解を深める一問一答を掲載しています。

①入門書

②テキスト

③問題集

◆ 合格するための効率的な勉強の進め方

ステップ1 　『1冊目の教科書』（本書）で、宅建試験の全体像をつかもう

まずは本書をざっと通読し、効率よく試験の全体像をつかみましょう。

ステップ2 　『神テキスト』に目を通して理解を深めよう

試験の必修テーマについて詳しく解説されていますので、実際に講義を受け
ているようなイメージで目を通してみましょう。

ステップ3 　『神問題集』で知識を定着させよう

一通り知識が身についたら、問題をどんどん解いていきましょう。早い段階
でアウトプットする（問題を解く）ことで、知識の定着を図ることができま
す。また、学習すべきテーマが明確になり、効率よく勉強を進められます。

ステップ4 　『神テキスト』をもう一度読んでインプット

自分の苦手分野を中心に、テキストをしっかり読み込みましょう。アウトプッ
トに取り組んだことで、合格レベルに足りない知識をメリハリをつけてイン
プットすることができます。

ステップ5 　問題を解きまくって合格レベルまで引き上げよう

『神テキスト』でインプットしたら、再び『神問題集』にチャレンジ。前に
解けなかった問題、間違えた問題を中心に解けるようになるまでトライして、
知識を確実なものにしましょう。

◆ **権利関係は「考え方」をおさえることが大切**

　科目ごとの勉強法についても触れておきましょう。まず権利関係は、**民法、建物の区分所有等に関する法律（以下、建物区分所有法）、不動産登記法**など、とにかく勉強しなければならない範囲が広いのが特徴です。

　宅建士試験50問中、この**権利関係から全部で14問出題**されますが、**合格者でも、暗記して正解できるのはそのうちの7問程度**です。試験は**37点前後を得点すれば合格**できますが、権利関係に関しては半分取れれば御の字といえるでしょう。半分取ればよいのなら楽だと思う人もいるかもしれませんが、決してそんなことはありません。難しい法律用語が数多く出てくるため、初学者のうちは用語の意味を理解するだけでも一苦労するはずです。

　また、権利関係の勉強は暗記に頼らないでください。民法だけでも、条文が1,000以上あります。さらに判例という最高裁判所の裁判官が裁判で出した結論もたくさんあります。覚えるべきポイントはそれこそ数万のレベルになり、それらをすべて暗記するのは不可能です。

　したがって、**暗記よりもまずは"考え方"をおさえる**ようにしましょう。たとえば、「詐欺による契約は取消しができる」というポイントがあります。なぜ取り消せるのかといえば、"だまされてかわいそう"だからなのです。民法には、「かわいそうな人＝保護、悪いヤツ＝保護しない」という考え方があり、これを応用して、「Aはかわいそうな人だから、このケースでは取消しができるのだろう」などと考えることで、詐欺以外の問題でも正解に近づけます。このように、考え方でアプローチするのが権利関係の問題を解くコツです。**本書でもこういった"考え方"をふんだんに解説することで「理解から知識を定着させる」**ようにしています。

◆ **宅建業法は満点をねらう**

　宅建業法は、権利関係と違い満点をねらってください。宅建業法の条文は80数条しかなく、試験のポイントも300あるかないかです。にもかかわらず、**20問も出題**され、宅建士試験50問中の4割を占めています。それだ

けに、宅建業法で点数が取れないのは大きな痛手となります。8割以上の合格者は16点以上を取っているため、満点をねらい、**できれば18点以上を**確保したいところです。

　勉強法としては、**暗記をしたり考え方を理解したりするのも大切ですが、それ以上に問題を数多く解くことが重要**です。宅建業法は間違いを誘う引っかけ問題が少なくありません。「あっ、またこのパターンか」と引っかけのポイントが見えてくるよう、できるだけ多くの問題にあたり、どんどん間違えることで宅建業法は自然と力がついていきます。

◆ 法令上の制限は暗記要素が強い

　法令上の制限には、第一種低層住居専用地域や建蔽率（けんぺい）、容積率など聞き慣れない専門用語が頻出し、暗記の要素がかなり強い分野です。暗記の仕方には「とにかく書いて書いて書きまくる」「レコーダーにポイントを録音して何度も聞き返す」などいろいろなやり方があると思いますが、基本的には反復継続して覚えるしかないでしょう。

　それから、暗記だけでなく理解が必要なところは、早いうちから勉強して理解しておくことも大切です。そして試験直前、ラスト2週間の時間は、どうしても覚えられないようなところを頭に詰め込む作業にあてるとよいかもしれません。

　勉強前から不安な人もいると思いますが、あれこれ考えていても仕方ありません。宅建士試験を受けようと思ったらまずは、本書で全体像をつかみ、合格への一歩を踏み出しましょう！

本書で
「勉強嫌いを勉強好きに！」
合格をサポート
します

② 宅建士試験の概要

◆絶対に受かると決めて試験に臨む

　宅建士試験は10月の第3日曜日、13〜15時に行われます。これは毎年の決まりごとなので、仮に大きく変わるようなことがあれば、半年もしくは1年前など早い時期から告知があるでしょう。

　これから、試験日に向けて勉強を始めることになるわけですが、まずは**試験を受けるうえで一番大事なことをいいます。それは「絶対に受かる」と決めることです。**なぜでしょうか。「受かりたいなあ」「受かればいいな」という程度の気持ちでは、いつまでも試験に受からないからです。

　たとえば試験の直前、2週間前に模擬試験を受けて25点という点数を取ったとします。右ページの宅建士試験の概要に示したように、合格点は37点前後が目安になります。もちろん、本番前の模試が25点だったからといって不合格が決まったわけではありません。20点台から合格する人もたくさんいますし、なかには10点台後半から合格する人もいます。しかし、「受かりたいなあ」という程度の気持ちの人は、「きっと本番も同じくらいの点数しか取れない。もうだめだ」とここであきらめてしまいます。

　このように、あきらめが入るとどうなるか——いきなり体の調子が悪くなったり、あるいは仕事が急に忙しくなります。「最近、頭が痛くて……」「残業に追われている」などと言い出すのです。すでに、落ちた後のことを考えているわけですね。試験を受けて、不合格の結果が出たときに「体調が悪かったから仕方ないよ」「忙しくて勉強ができなかったんだよね」などと周りから慰めてもらうことを期待しているのです。

　このような言い訳めいた行動を取らないためにも、「今年、絶対に受かる」と決めてください。さもなければ、毎年、同じことを繰り返す羽目になるかもしれません。

◆ 宅建士試験の概要

受験資格	原則として誰でも受験が可能。学歴・国籍・年齢などの制限はなし
試験方法	50問・四肢択一式による筆記試験 （合格率：15%前後、合格点：35～37点前後）
試験地	原則として、本人が住所を有する都道府県
試験申込期間	【郵送】7月上旬から中旬 【インターネット】7月上旬から下旬
試験日時	10月第3日曜日／13～15時
合格発表	11月下旬もしくは12月上旬
試験実施機関	一般財団法人 不動産適正取引推進機構
試験の内容	❶土地の形質、地積、地目および種別ならびに建物の形質、構造および種別に関すること
	❷土地および建物についての権利および権利の変動に関する法令に関すること
	❸土地および建物についての法令上の制限に関すること
	❹宅地および建物についての税に関する法令に関すること
	❺宅地および建物の需給に関する法令および実務に関すること
	❻宅地および建物の価格の評定に関すること
	❼宅地建物取引業法および同法の関係法令に関すること
2022年度 試験結果	受験者数：226,048人　合格者数：38,525人 合格率：17.0% 合格点：36点

※宅建業に従事している人で登録講習機関が実施する講習を修了し、その修了試験に合格した人は登録講習修了者として、3年以内に行われる試験の❶と❺が免除されます

Map 本書で学ぶこと

第2章
物件を調査する

売りたいんですが

状況を調べてみますね

第1章
宅建業を始める

開業だ！

第7章
契約上の重要知識

そもそもどんなもの？

第3章

媒介契約を締結する

買主を
探しますね

第4章

営業活動

こんな物件は
どうでしょう

物件を
探しています

こんな
条件です

第5章

重要事項説明書

第6章

売買契約

合意！

Contents 水野健の宅建士1冊目の教科書

本書は従来のテキストとは異なり、初学者でもわかりやすいよう実務の流れに沿った構成としています。そのため、学習経験のある方に向け、どの内容が実際の試験区分に対応しているかを目次上、下記のアイコンで示しています。

(権利関係)　(宅地建物取引業法)　(法令上の制限)　(税・価格)

第1章

宅建業を始める

(宅地建物取引業法)

第2章

物件を調査する

権利関係

法令上の制限

第3章

媒介契約を締結する

宅地建物取引業法

第4章

営業活動

宅地建物取引業法

第5章

重要事項説明書

宅地建物取引業法

第6章

売買契約

第7章

契約上の重要知識

（権利関係）

凡例

宅建業法	宅地建物取引業法
宅建士	宅地建物取引士

本文デザイン　Isshiki
本文イラスト　寺崎愛
本文DTP　株式会社フォレスト

本書は原則として、2023年9月時点の情報をもとに原稿執筆・編集を行っています。
試験に関する最新情報は、試験実施機関のウェブサイト等でご確認ください。

第 **1** 章

宅建業を始める

自分で宅建業を開業するイメージをもって勉強していきましょう!! 免許や事務所、保証金と分担金がテーマです。

01 宅建業の免許が 必要な場合とは？

自分の不動産を貸す場合は不要。
業として取引を行う場合には必要となります

　宅建業、つまり**不動産業を始めるためには免許（宅建業免許）が必要**になります。この免許は宅建士試験に合格して得られる**宅建士証とは別のもの**です。宅建業免許は、**業者免許**とも呼ばれ、会社もしくは個人事業主に対して与えられます。

　では、不動産関係の仕事をするには、必ず免許がいるのかというとそういうわけではありません。免許が必要となるのは、**①宅地または②建物の③取引を④業として行う場合**です。まず、①宅地とは「現在建物が建っている土地」「建物を建てる目的で取引する土地」「用途地域内の土地」をいいます。用途地域については 54 ページで詳しく説明しますが、ここでは使い道が決まっている土地程度に考えてください。②建物は、住宅、事務所、倉庫などです。

友人・知人も「不特定多数の人」になる

　③取引は、「売買」「交換」を自ら当事者となって行うこと、つまり自分が所有している物件を人に売ったりすることです。それから、「売買」「交換」「貸借」の代理もしくはこれらの媒介を行うことです。自分の不動産を人に貸したり、他人の不動産を管理したり、建物を建設したりすることは、これらの行為に該当しないので「取引」にはあたりません。

　さらに、④業として行う場合とは商売を行うこと、細かくいえば「不特定多数の人」を相手に「反復継続して」取引を行うことです。「不特定多数の人」に関しては、友人や知人であってもそれに該当します。また、「反復継続して」とは、1 回ではなく何回も繰り返すことです。そのため、**一括して売却する場合には免許はいりません**。取引を 1 回しか行っていないからです。

　また、上の①～④をすべて満たしていても、例外的に免許が不要な場合もあります（右ページ参照）。

◎ 宅建業免許が必要となる条件

原則　❶宅地または❷建物の❸取引を❹業として行う場合

①宅地	・現在建物が建っている土地 ・建物を建てる目的で取引する土地 ・用途地域内の土地（広場、道路、河川、水路、公園は除く）
②建物	・住宅、事務所、倉庫など用途は問わない ・マンションの1室も建物にあたる ・リゾートクラブ会員権（リゾート施設の所有権を会員が所有するもの）も建物にあたる
③取引	・「売買」「交換」を自ら当事者となって行うこと ・「売買」「交換」「貸借」の代理を行うこと ・「売買」「交換」「貸借」の媒介を行うこと
④業として 行う	・「不特定かつ多数の人」を相手に「反復継続して」取引を行うこと **「業」にあたる場合** （例） ・公益法人のみに対して反復継続して売却する 　（公益法人自体は多数あって特定されていないから） **「業」にあたらない場合** （例） ・自社の従業員のみを対象に反復継続して売却する 　（福利厚生として行われているため） ・一括して売却する（1回だけの取引にあたるため）

> たとえば、山林を別荘地として分譲するような場合です

> 自ら「貸借」、つまり大家をすること、自ら転貸（サブリース）することも「取引」になりません

> 国・地方公共団体等や一定の信託会社・信託業務を兼営する金融機関は、宅建業免許が不要になります

02

事務所の設置❶

事務所設置に必要な "5点セット"

重要度 ★★☆

本店や支店には標識や報酬額、帳簿などの
設置が義務づけられています

　宅建業を始めるためには、**事務所**を置かなければなりません。事務所にはまず本店と支店があり、本店は必ず1つ設置しなければなりません。一方、支店は宅建業を営んでいる場合だけが事務所となります。たとえば、支店で飲食店や旅行代理店しか営んでいないような場合は宅建業の事務所にはあたりません。また、「継続的に業務を行うことができる施設を有する場所で、宅建業に係る契約を締結する権限を有する使用人を置く場所」、いわゆる営業所と呼ばれるものも事務所になります。**案内所（モデルルーム等）は事務所に該当しない**ので注意してください。

事務所には "5点セット" が必要

　事務所には、"5点セット"と呼ばれているものが必要になります。右ページの表にまとめたように、①**標識**、②**報酬額**、③**帳簿**、④**従業者名簿**、⑤**成年者である専任の宅建士**です。

　①標識はもぐりの業者の排除を、②報酬額はいわゆるぼったくりの防止を目的としています。③帳簿は会社の経理が使っているようなものではなくて、誰と誰がどの物件を売買して手数料をいくらもらったのかなど、取引に関する事実を記録するものです。従業者名簿には事務所で働く従業者（従業員）の氏名等を記載します。そして、事務所で働く5人の従業者ごとに1人は宅建士の資格をもち、常勤で働いている必要があります。

　③帳簿と④従業者名簿は、保存期間が決められています。新築住宅を業者が販売したとき、帳簿の保存期間が10年間なのは、**住宅瑕疵担保履行法**（162ページ参照）という法律で、売却時の詳細を把握できるよう新築住宅の売主が業者の場合は10年間の保証金の供託が義務づけられているからです。

◎ 宅建業における「事務所」とは?

❶ 本店（主たる事務所）

❷ 宅建業を営む支店（従たる事務所）

❸ 継続的に業務を行うことができる施設を
有する場所で、宅建業に係る契約締結権
限を有する使用人を置く場所

> 支店で宅建業を営んでいれ
> ば、本店は宅建業を営んでい
> なくても事務所にあたります

◎ 事務所ごとに設置すべき"5点セット"

①標識	・専任の宅建士の氏名 事務所以外の場所には 　・代理や媒介を行う場合には、依頼者（売主等）の名称 　・クーリング・オフが適用できるかなどを記載
②報酬額	見やすい場所に掲示
③帳簿	各事業年度の末日に閉鎖し、閉鎖後5年間は保存しなければならない。新築住宅の売主となる場合には、閉鎖後10年間の保存が必要
④従業者名簿	・宅建士であるか否かなど ・記載の最終日から10年間の保存が必要 ・取引の関係者から請求があれば閲覧させなければならない
⑤成年者である専任の宅建士	事務所ごとに業務に従事する者5人に1人以上の割合で設置することが必要

> 名簿1ページ内の従業
> 員が全員いなくなって
> も保存しなければなり
> ません

ワンポイント

専任の宅建士に欠員が出たときは?

専任の宅建士が欠員となり、不足した場合には、2週間以内に補充する必要があると定められています。そして、宅建業者名簿に変更が出るので、30日以内に変更の届出が必要となります(31ページ参照)。

03 事務所の設置❷

モデルルーム等の 案内所にも及ぶ規制

標識の設置や申込み・契約を行う場所には
宅建士が必要です

事務所に関しては、「事務所以外の場所の規制」というポイントがあります。事務所以外の場所とは、具体的には案内所（モデルルーム等）です。

案内所（モデルルーム等）は事務所ではないので、24ページで述べた"5点セット"をすべて用意する必要はありません。

ただし、これらの施設でも、もぐりの業者は排除しなければならないため、標識を用意する必要があります。

また、**申込み、契約を行う案内所（モデルルーム等）の場合には、成年者である専任の宅建士を少なくとも1人は置くことが義務づけられています。**たとえば、モデルルームに営業担当を何十人も置いて契約も行っているような場合、そのうちの少なくとも1人は宅建士の資格をもっている常勤の成年者でなければなりません。

間取りや設備などの仕様を見せることだけを目的としており、申込み、契約を行っていない単なるモデルルームであれば、宅建士は不要です。

届出が必要な案内所（モデルルーム等）もある

また、宅建士を置かなければならない案内所（モデルルーム等）は届出も必要です。届出期間は、**業務開始の10日前まで**となり、届出事項は、「所在地」「業務内容」「業務を行う期間」、そして「**専任の宅建士の氏名**」です。

届出先は2カ所あり、①**免許権者**と②**案内所（モデルルーム等）の所在地を管轄する都道府県知事**です。

◎ 事務所以外の場所（モデルルーム等）の規制

> 標識は事務所も事務所以外の場所も必要です

		標識	成年者である専任の宅建士	報酬額、帳簿、従業者名簿の掲示	案内所（モデルルーム等）の届出
事務所		○	○ （従業者5人に1人以上）	○	－
事務所以外の場所	申込み・契約を行う案内所（モデルルーム等）	○	○ （少なくとも1人）	×	○
	申込み・契約を行わない案内所（モデルルーム等）	○	×	×	×

申込み・契約を行わない案内所（モデルルーム等）は宅建士の設置も案内所の届出も不要

○ 必要　× 不要

> 住替えの相談会、不動産フェア、分譲宅地なども事務所以外の場所となります！

◎ 宅建士を置かなければならない案内所（モデルルーム等）の届出

届出期間	業務開始の10日前まで
届出事項	所在地、業務内容、業務を行う期間、専任の宅建士の氏名
届出先 （2カ所）	①免許権者（都道府県知事または国土交通大臣） ②案内所（モデルルーム等）の所在地を管轄する都道府県知事 ※免許権者と案内所の所在地を管轄する知事が同じであれば1カ所

04 宅建業免許❶

重要度 ★★★

"3大悪事"に該当すれば免許はもらえない

不正行為や業務違反を繰り返すと
5年間は免許がおりません

　事務所を設置したら、次に宅建業免許の申請を行います。免許というと、一定の基準を満たせば取得できるというのが一般的なイメージでしょう。しかし、宅建業に関しては、「**免許を取得できない基準**」に該当しないことが必要です。この基準では、悪い人や信用のない人、またはその関係者は免許を取得できない仕組みとなっています。

　右ページに「免許を取得できない基準」をまとめています。重要なポイントとしては、まず**執行猶予**があげられます。執行猶予とは、懲役刑や禁錮刑などの刑の執行を一時的に保留することです。たとえば、「執行猶予3年」の場合、刑の執行が3年間保留されます。期間が満了すれば、刑の言渡しはなかったことになり、免許を取得できるようになります。

"3大悪事"による免許取消しは、5年間免許がおりない

　また、いわゆる"3大悪事"に該当して宅建業免許が取り消された場合には、5年間は免許がおりません（右ページ❻）。3大悪事とは、**(1)不正手段によって免許を取得したこと、(2)業務停止処分対象行為に該当し、情状が特に重いこと、(3) 業務停止処分に違反したこと**です。(2)の情状が特に重いとは、たとえば業法違反の行為を何度も繰り返したケースです。(3)は業務停止を命じられたのに、無視して仕事をした場合です。

　さらに、「役員」という言葉も要注意です。この役員は広い意味で使われています。会長、執行役など会社の重要な人物を示す名称にはいろいろありますが、宅建士試験では「**取締役と同等以上の支配力**」などというキーワードが出てきたら、名称を問わず役員と考えてよいでしょう。また、「政令で定める使用人」とは具体的には支店長や営業所長などです。要するに、**会社の重要ポストに悪い人がいたら免許は取得できない**ということです。

◎「免許を取得できない基準」の代表例

❶ 破産手続開始の決定を受けて復権を得ない者

❷ 心身の故障により宅建業を適正に営むことができない者

❸ 禁錮以上の刑で刑務所から出てきて5年経過していない者

❹ 宅建業法違反、暴力的な犯罪、背任罪で罰金刑になり罰金を払って5年経過していない者

❺ 暴力団員、暴力団員をやめて5年経過していない者

❻ (1)不正手段による免許取得を理由とする免許取消し
    (2)業務停止処分対象行為に該当し、情状が特に重いことを理由とする免許取消し   3大悪事
    (3)業務停止処分に違反したことを理由とする免許取消し
    (1)～(3)に該当するとして免許を取り消され、取消しの日から5年を経過しない者

法人が3大悪事で免許を取り消された場合

法人　影響　役員　　5年間は免許取得不可

政令で定める使用人　　免許取得可（影響なし）

役員等が「免許を取得できない基準」に該当する場合

 or 　影響　　

役員 または 政令で定める使用人　　法人　　免許取得不可

ワンポイント

執行猶予は期間が終われば免許取得が可能

本来、懲役刑や禁錮刑を科された場合、刑期を終えてから5年間は免許をもらえません。しかし、執行猶予の場合は、猶予期間が終わると刑の言渡しがなかったことになるため、すぐに免許取得が可能になります。

05 宅建業免許❷

申請先により
2種類ある宅建業免許

重要度 ★★★

1つの都道府県内だけなら都道府県知事免許、
複数にわたれば国土交通大臣免許です

　宅建業者の免許は、どこに申請するかによって2種類に分かれます。まず**1つの都道府県内だけに事務所が置かれている**のであれば、その都道府県の知事に申請します。また、**複数の都道府県に事務所が置かれている**のなら、**国土交通大臣**が申請先になります。前者の場合に取得する免許を**都道府県知事免許**、後者を**国土交通大臣免許**といいます。

　なお、免許は申請先の都道府県にかかわらず、日本全国どこでも有効です。したがって、東京都知事免許であったとしても、大阪や北海道などで取引を行うことが可能です。

　また、**免許の有効期間は5年間**です。5年の期間が満了しても宅建業を続けたいのであれば、**期間満了の90日前から30日前までの間に更新の請求**をしなければなりません。

免許失効の原因が発生したときには30日以内に届け出る

　免許の有効期間内に、会社名や会社の所在地が変わるなど宅建業者名簿の記載事項に変更があったときは変更の届出が必要になります。この届出は**変更から30日以内**に免許権者に対して行います。

　また、事務所の廃止、新設、移転の結果、**免許換え**、つまり免許を換えることが必要になる場合もあります。右ページの表中段にあげた3つの場合が該当します。この免許換えの申請は、新たに免許権者となる者に対して行います。

　それから、死亡、合併、破産、解散、廃業が原因で事業をやめたときには免許が失効します。これらの原因が発生したときは、30日以内に免許権者に届け出なければなりません。

免許に関する届出のポイント

変更の届出内容	①商号または名称 ②事務所の名称・所在地 ③法人業者の役員および政令で定める使用人の氏名 ④個人業者およびその政令で定める使用人の氏名 ⑤事務所ごとに置かれる成年者である専任の宅建士の氏名 個人の住所は宅建業者名簿には記載がないので、代表者の住所が変更しても届出は不要です
免許換え	**免許換えが必要になる場合** ①国土交通大臣免許の業者が１つの都道府県にのみ事務所を有することになった場合 （国土交通大臣免許→都道府県知事免許） ②都道府県知事免許の業者がその事務所を廃止して他県に事務所を設置した場合 （都道府県知事免許→他県の都道府県知事免許） ③都道府県知事免許の業者が他県にも事務所を設置した場合 （都道府県知事免許→国土交通大臣免許） **有効期間** 免許換えのときから５年間 免許換えが必要な場合、変更の届出は不要です

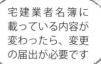

宅建業者名簿に載っている内容が変わったら、変更の届出が必要です

ワンポイント

免許失効の時期と届出

免許失効の時期は、宅建業者の死亡の場合は死亡時、破産・解散・廃業の場合はその届出時などと決まっています。また、免許失効時の届出は、30 日以内（死亡の場合のみ、相続人が知った日から 30 日以内）に免許権者に行いますが、このときの届出義務者も、死亡の場合は相続人、破産の場合は破産管財人などと決まりがあります。そのため、免許失効のテーマでは、その時期、届出の期限、届出義務者を整理しながら学習を進めましょう。

宅建士にしかできない 3つの事務

重要度 ★★★

重要事項の説明は、常勤でなくても
アルバイトやパートでもできます

24ページでは、事務所設置に必要な"5点セット"について解説しました。そこで宅建士について触れましたが、ここで基本的なポイントを確認しておきましょう。

まず第一に、宅建士にしかできない事務があります。すなわち、❶**重要事項の説明**、❷**重要事項説明書（35条書面）への記名**、❸ **37条書面（契約書）への記名**です。

この3つの事務は、たとえ社長や役員、部長のような高い役職にある人だったとしても、宅建士の資格がないと行うことができません。ただし、**「専任の宅建士」である必要はありません**。したがって、常勤の社員でなくても、アルバイトやパートの宅建士でも、重要事項の説明等については行うことができます。

合格・登録・交付で宅建士と名乗れる

また、宅建士試験に合格しただけでは、宅建士として業務を行うことはできません。合格した試験地の都道府県で資格登録を経ることが必要です。この登録と、さらに宅建士証の交付を受けて初めて宅建士と名乗ることができます。

宅建士の資格登録は一度行えば一生有効ですが、**宅建士証の有効期間は5年**に限られています。更新を希望するのであれば、その申請を行わなければなりません。

なお、宅建士証の交付申請をする場合には原則として登録している**都道府県知事が指定する法定講習を受けなければなりません**。更新の際にも、法定講習の受講が必要です。具体的には、**宅建士証の交付申請前6カ月以内**に行われるものを受講することが必要です。

◎ 宅建士にしかできない3つの事務

❶ 重要事項の説明

❷ 重要事項説明書（35条書面）への記名

❸ 37条書面（契約書）への記名

どれも宅建士なら行えます。
専任の宅建士（5人に1人と
カウントされる宅建士）
である必要はありません

◎ 宅建士になるまでの流れ

宅建士試験に合格

↓

宅建士登録の申請

❶ 合格した試験を行った都道府県知事に登録申請する

❷ 登録を受けるには、2年以上の実務経験を有するか、国土交通大臣の登録を
受けた講習（登録実務講習）の受講・修了等が必要

❸ 登録できない基準（欠格要件）に該当する者は、登録を受けることができない

↓

登録

❶ 登録の効力は全国に及ぶ

❷ 登録の消除（消し去ること）を受けない限り、一生有効

↓

宅建士証の交付申請

❶ 原則として登録している都道府県知事が指定する講習（法定講習）で、
宅建士証の交付申請前6カ月以内に行われるものを受講しなければならない

❷ 以下の者は例外的に受講が不要
・試験合格の日から1年以内の者
・登録の移転の申請とともに宅建士証の交付を受けようとする者

↓

宅建士証の交付・更新

❶ 宅建士証の更新には申請が必要

❷ 更新の際には、登録している都道府県知事が指定する講習（法定講習）で、
申請前6カ月以内に行われるものを受講しなければならない

宅建士証の交付を
受けたら、全国で
働けるんですね

宅建士証の所持に
ともなう義務

事務禁止処分を受けた場合などは
宅建士証を提出しなければなりません

　宅建士証については、所持に関連した様々な義務があります。

　まず、取引相手など取引関係者から請求があったときは、宅建士証を「提示」しなければなりません。ただし、この義務に反しても罰則はありません。

　一方、**重要事項の説明の際には、相手から請求がなくても宅建士証を必ず提示**しなければならず、行わなかった場合には罰則があります。

　また、事務禁止処分を受けた場合、つまり宅建業法違反等を行って宅建士としての仕事を禁じられた場合には、交付を受けた都道府県知事に宅建士証を「提出」しなければなりません。提出した宅建士証は、事務禁止が解けた後に請求すれば返還されます。

　さらに、宅建士の登録を抹消されたり、宅建士証が5年を過ぎて効力を失ったときは「返納」しなければなりません。提出が一時的なものであるのとは異なり、返納は永続的なものになります。

　そして、宅建士証に記載されている氏名、住所に変更があった場合は、宅建士証の「書換え交付」の手続が必要になります。これを怠った場合には、宅建業法違反となります。

登録の移転という制度もある

　義務ではありませんが、「登録の移転」と呼ばれる登録先を移転する手続を行うこともあります。具体的には、登録している都道府県以外の都道府県に所在する事務所に勤務する（または勤務しようとする）ときです。たとえば、東京から大阪に職場を変えた場合、東京都知事登録のままでも大阪で仕事はできますが、5年に1度、宅建士証の更新のために必要な講習を受講するため、東京に戻る必要があります。こうした負担を減らすため、登録先を移転することが認められています。

◎ 宅建士証に関する義務

提示
- 取引の関係者から請求があったとき（違反しても罰則はない）
- 重要事項の説明の際、請求がなくても行わなければならない（違反した場合は10万円以下の過料）

提出
事務禁止処分を受けたときは、速やかに交付を受けた都道府県知事に提出しなければならない（違反した場合は10万円以下の過料）

返納
登録が消除された、または宅建士証が効力を失ったときは、速やかに交付を受けた都道府県知事に返納しなければならない（違反した場合は10万円以下の過料）

書換え交付
氏名または住所に変更があった場合、変更の登録とともに宅建士証の書換え交付申請をする

◎ 宅建士証の見本

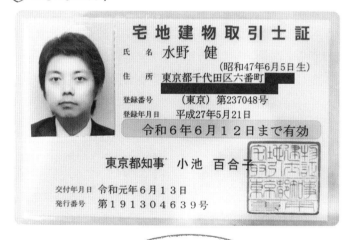

提示するとき、個人情報保護のため、住所部分にシールを貼って見えなくすることができます

顧客保護に必要な営業保証金の供託

本店は 1,000 万円、支店は 500 万円の供託が必要です

開業の際には、営業保証金も必要となります。宅建業者が、万が一、トラブル等が原因で取引相手に損害賠償をしなければならない場合、手元に十分なお金がなければ取引相手が保護されません。そこで、賠償資金確保のため、一定金額を営業保証金として供託所に預けるルールが定められています。

営業保証金は、事務所の数に応じて「**供託**」することが決められており、金銭以外に、国債証券など有価証券で納めることも認められています。このプールされた営業保証金から取引相手が損害賠償金を受け取ることを「**還付**」といいます。還付があると、営業保証金に不足額が発生します。そこで、**還付の通知があった日から2週間以内**に、不足分を新たに供託しなければなりません。また、**供託をした日から2週間以内に免許権者に届出をする**ことも必要です。

供託は本店の最寄りの供託所で行う

営業保証金は、一定の事情が発生した場合には「**取戻し**」をすることができます（右ページ表参照）。このうち、①免許失効、②免許取消処分、③一部の事務所の廃止などの場合には、6カ月までの一定期間内に還付請求権者に申し出るべき旨を公告しなければなりません。この公告から6カ月間が過ぎないと、保証金を取り戻すことはできません。ただし、取戻しの原因となる事情が発生してから10年が経過した場合など、公告が不要となる例外も認められています。

それから、営業保証金の供託は本店の最寄りの供託所で行います。もし本店が移転して、最寄りの供託所が変わった場合には、供託を**金銭のみ**で行っていたのであれば、前の供託所から新しい供託所のほうに振り替えるよう求めることができます。この手続を「**保管替え**」といいます。

◎ **営業保証金のポイント**

供託	・主たる事務所の最寄りの供託所に対して行う ・主たる事務所は1,000万円、その他の事務所は1カ所につき500万円 ・金銭または有価証券で行う ・供託した旨を免許権者に届け出た後でなければ、すべての事務所において事業を開始できない
還付	・宅建業者が供託した営業保証金の額が限度額 ・宅建業に関する取引により生じた債権を有する者が対象者 　ただし、宅建業者を除く ・還付により生じた不足分の補充の手続は以下のとおり ①不足分を供託すべき旨の通知が免許権者から宅建業者に対して行われる ②通知を受けた日から2週間以内に不足分を供託所に供託する ③供託した日から2週間以内に免許権者に届出を行う
取戻し	・取戻し事由は以下のとおり ①免許失効 ②免許取消処分 ③一部の事務所の廃止 ④主たる事務所の移転（保管替えができない場合） ⑤保証協会の社員となった場合 ・①～③は公告が必要。ただし、取戻し事由の発生から10年経過した場合は公告が不要
保管替え	主たる事務所の移転により最寄りの供託所を変更した場合 ・金銭のみで供託していた場合には従前の供託所に保管替えを請求しなければならない ・有価証券のみ、または有価証券と金銭で供託していた場合には、保管替えを請求できず、移転後の主たる事務所の最寄りの供託所に新たに供託する

> 有価証券は、国債は額面どおりですが、地方債、政府保証債は90%となります

> 案内所（モデルルーム等）は事務所ではないので不要です

> 「還付」は損害を受けたお客さんが、「取戻し」は供託した宅建業者がお金をもっていくことです

 ワンポイント

公告は、国の機関紙である官報で行う

取戻しの公告は、官報で行います。官報はいわば国の機関紙です。官報に掲載された事実は、掲載時に国民全員が知ったものとして取り扱われます。

09 もう1つの顧客保護制度 ～弁済業務保証金分担金

営業保証金等❷

重要度 ★★★

弁済業務保証金分担金の分担額は
営業保証金よりもはるかに低くなっています

　前項の営業保証金と同趣旨の制度に**分担金**（弁済業務保証金分担金）があります。まず宅建業者は、保証協会と呼ばれる国土交通大臣の指定を受けた一般社団法人に加入して、一定額の分担金を納めます。納付された分担金は保証協会から弁済業務保証金として供託所に**供託**されます。

　このように、宅建業者から少しずつお金を集めてまとまった資金を確保しておくことで、**営業保証金と同様の顧客保護を図る仕組み**となっているのです。なお、保証協会は2種類存在していますが、どちらか一方にしか加入することはできません。

　弁済業務保証金分担金の額は、本店は60万円、支店は1カ所につき30万円です。実際は保証協会への入会金などもあり、本店が負担するコストは150万円程度になりますが、本店の供託額が1,000万円の営業保証金と比べると、開業時の金銭的負担は、はるかに小さくなります。つまり、弁済業務保証金の制度が存在することによって、宅建業の開業がよりしやすくなっているわけです。

弁済業務保証金の取戻しには公告が不要

　弁済業務保証金分担金に関して、最も注意すべきポイントは営業保証金との違いです。まず、弁済業務保証金分担金は**金銭のみ**での納付となっています。営業保証金の納付先である**供託所は有価証券も可能としていますが、保証協会は現金しか受け入れません。**

　また、弁済業務保証金にも取戻しが認められており、一部の事務所を廃止した場合に関しては、営業保証金と異なり公告は不要です。これは、営業保証金の納付額が支店でも500万円と高額なのに対して、弁済業務保証金分担金は、支店では30万円と金額が低いからと考えてください。

◎ 弁済業務保証金分担金のポイント

| 納付 | ・保証協会の社員になろうとする宅建業者が保証協会に対して行う
・納付額は主たる事務所（本店）は60万円、その他の事務所（支店）は1カ所につき30万円
・金銭のみで行う
・保証協会に加入しようとする日までに行う |

| 還付 | ・保証協会の認証をもらい、供託所で請求する
・社員となる前に取引した者ももらえる
・営業保証金の額と同額 |

| 取戻し | ・保証協会から、取戻し金額に相当する分担金を返還してもらう
・取戻し事由は以下のとおり
❶社員でなくなった場合（公告が必要。保証協会は取戻しの前に、還付請求権者に対して、6カ月を下らない一定期間内に申し出るべき旨を公告しなければならない）
❷一部の事務所の廃止（公告不要） |

◎ 弁済業務保証金の仕組み

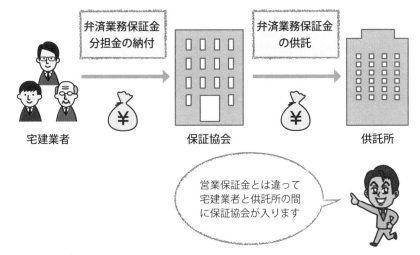

営業保証金とは違って宅建業者と供託所の間に保証協会が入ります

ワンポイント

2種類の保証協会がある

正式な制度名は「宅地建物取引業保証協会」です。現在は、「公益社団法人全国宅地建物取引業保証協会」と「公益社団法人不動産保証協会」の2つの団体があります。

10 雇用すれば従業者証明書の交付が必要

正規社員だけでなくアルバイトやパートにも
交付が必要です。違反すれば罰則もあります

　事務所を設けて従業者（従業員）を雇ったときには、**従業者証明書を交付しなければなりません。この交付がなければ、従業員に仕事をさせることはできません**。正規社員だけでなく、アルバイトやパートにも従業者証明書は必要です。また、雇われている従業員だけでなく、雇っている側の**代表取締役や非常勤の役員**にも交付しなければなりません。

　現実的な話をすれば、実際には従業者証明書を交付されていない従業員も多いはずです。しかし、法律上は渡さなければならないことになっており、**違反した場合には罰則もあります**。

　また、従業員は取引関係者から従業者証明書の提示を求められた場合には、提示しなければなりませんが、違反しても罰則はありません。

◎ 従業者証明書の様式サンプル

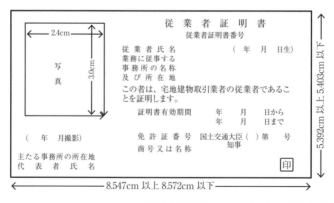

（国土交通省のホームページより）

第 2 章

物件を調査する

不動産は建物の構造、設備や安全性等だけでなく、法律が関係する商品です。どのような調査が必要なのかを把握することで、試験の出題内容への理解も深まります。

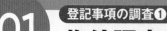
01 物件調査で最初に行う 登記の確認

不動産の所有者が誰であるかを
明らかにするのが登記の役割です

　契約を行う前には物件に問題がないか、様々な調査を行います。この調査で初めに行うのが登記の確認です。

　建物に表札があったとしても所有者の名前とは限りません。もしかしたら借りている人の名前かもしれません。また、土地には表札すらありません。このように、不動産は所有者がわかりにくいものであるため、誰のものなのかを公に明らかにするために登記の制度があるのです。

登記には表示に関する登記と権利に関する登記がある

　登記を記録したものを登記記録といい、**表題部**と**権利部**によって構成されています。表題部に記録されているものを①**表示に関する登記**、権利部に記録されているものを②**権利に関する登記**といいます。

　①表示に関する登記は、固定資産税の台帳を作るという公益目的から求められているものであり、不動産の所有者が行うことを義務づけられています。土地・建物がどこにあるのか、どのような建物が建てられたのかなど、土地または建物の表示に関する事項が記載されます。

　②権利に関する登記は、不動産に関する権利を示すことを目的として行われ、甲区と乙区に分かれています。**甲区には所有権に関する事項**が記されます。**乙区には所有権以外の権利、具体的には抵当権、地上権、賃借権等に関する事項**が記されます。①表示に関する登記と異なり、個人の権利保護が目的なので相続登記を除いて任意ですが、実務上は行われないことがまずない、といってよいでしょう。

　②権利に関する登記の中で一番初めに行われるのは、甲区の所有権保存の登記です。右ページの下で示したように、**所有権保存の登記は申請できる者の範囲が決められている**ことに注意しましょう。

◎ 登記記録のひな型

〈登記記録（土地）表題部〉

表題部（土地の表示）		調製	余白	不動産番号	○○○○○○○○○○○○○
地図番号	余白	筆界特定	余白		
所在	甲市乙町				余白
①地番	②地目	③地積㎡		原因及びその日付〔登記の日付〕	
○○番	宅地	○○	○○	平成○年○月○日 公有水面埋立〔平成○年○月○日〕	
所有者　甲市乙町○○　A					

※下線のあるものは抹消事項であることを示す。

〈登記記録（建物）表題部〉

表題部（主である建物の表示）			調製	余白	不動産番号	○○○○○○○○○○○○○
所在図番号	余白					
所在	甲市乙町 ○○番地					
家屋番号	○○番△					
①種類	②構造	③床面積㎡		原因及びその日付〔登記の日付〕		
居宅	木造かわらぶき 2階建	1階 2階	○○ ○○	○○ ○○	平成○年○月○日新築〔平成○年○月○日〕	

表題部（附属建物の表示）					
符号	①種類	②構造	③床面積㎡		原因及びその日付〔登記の日付〕
1	車庫	鉄筋コンクリート造陸屋根平屋建	○○	○○	〔平成○年○月○日〕
所有者　甲市乙町○○　A					

※下線のあるものは抹消事項であることを示す。

〈登記記録（建物）権利部（甲区）〉

権利部（甲区）	（所有権に関する事項）		
順位番号	登記の目的	受付年月日・受付番号	権利者その他の事項
1	所有権保存	平成9年5月23日 第1137号	所有者　甲市乙町○○ A
付記1号	1番登記名義人表示変更	平成11年2月22日 第1012号	原因　平成11年2月10日氏名変更 氏名　a
2	所有権移転	平成13年11月19日 第1234号	原因　平成13年8月14日売買 所有者　甲市丙町○○ W

※下線のあるものは抹消事項であることを示す。

〈登記記録（建物）権利部（乙区）〉

権利部（乙区）	（所有権以外の権利に関する事項）		
順位番号	登記の目的	受付年月日・受付番号	権利者その他の事項
1	抵当権設定	平成10年7月12日 第1222号	原因　平成10年7月10日金銭消費貸借同日設定 債権額　金○○円 利息　年○% 損害金　年○% 債務者　甲市乙町○○ A 抵当権者　甲市乙町△△ 凸凹銀行株式会社
2	賃借権設定	平成11年3月22日 第2333号	原因　平成11年3月20日設定 設定資料　1月10万円 支払期　毎月末日 存続期間　3年 特約　譲渡、転貸ができる 賃借権者　甲市乙町○○ Y
3	1番抵当権抹消	平成12年6月19日 第1444号	原因　平成12年6月15日弁済

※下線のあるものは抹消事項であることを示す。

◎ 表示に関する登記と権利に関する登記

①表示に関する登記	表題部		土地または建物の表示に関する事項
②権利に関する登記	権利部	甲区	所有権に関する事項
		乙区	所有権以外の権利（抵当権等）に関する事項

表示に関する登記は建物のプロフィールを示したものです

◎ 所有権保存の登記の申請者

- 表題部所有者
- 表題部所有者の相続人その他の一般承継人
- 所有権を有することが確定判決によって確認された者
- 土地収用法等による収用によって所有権を取得した者
- 区分建物の場合で表題部所有者から所有権を取得した者

所有権保存登記は申請できる人が限られている

📖 **ワンポイント**

権利に関する登記の対抗力とは？

権利に関する登記には対抗力があります。対抗力とは不動産に関する自己の権利を他人に対して主張できる効力です。たとえば、所有権保存登記の結果、他人に対して、「この不動産は自分のものだ」と主張できることになるわけです。

02 登記事項の調査❷

重要度 ★★☆

登記は当事者が共同で申請する

表示に関する登記は
登記官が職権で行う例外もあります

　登記の申請を行う場合には、右ページの表にあげた申請情報、登記識別情報、登記原因証明情報が必要になります。

　また、登記の申請手続に関しては原則として、**申請主義**が取られています。申請主義とは、登記は当事者が、具体的には物件の所有者などが申請して初めて手続が行われることです。

　ただし、例外として**表示に関する登記**は、所有者が申請をせず登記が行われないままだと公益上、問題があるため、**登記官が職権で行うことができる**ことになっています。

共同申請主義にも例外がある

　登記は基本的に、契約の当事者が共同で申請しなければなりません。これを**共同申請主義**といいます。

　たとえば、売買で不動産の所有権が売主から買主に移った場合には、売主と買主双方が**共同で登記を申請する必要**があります。

　ただし、この共同申請主義にも例外があります。

　まず、当事者の一方が登記に協力しない場合には、❶裁判所から登記手続を命ずる確定判決を得ることによって単独で行うことができます。

　また、❷相続による登記は、当事者の一方に相当する者が亡くなっているので、不動産を相続した者が単独でできます。

　さらに、住所の変更などがあった場合に必要となる❸登記名義人の氏名等の変更（更正）の登記も、ほかに当事者と呼べる者がいないので単独で申請することが可能です。

　それから、一番最初の権利に関する登記となる❹所有権保存の登記についても、1人で行うほかないので単独で登記を申請することができます。

◎ 登記申請に必要な情報とは？

申請情報	①申請人の氏名、住所 ②登記の目的 ③不動産を識別するために必要な事項など
登記識別 情報	・登記権利者および登記義務者が共同して権利に関する登記を申請する場合、登記名義人が本人であるかどうかを確認するために登記識別情報の提供が求められる ・登記識別情報は、一定の登記が完了したとき、登記名義人となる申請人（登記権利者）に対し、登記官より通知される。登記事項および登記名義人ごとに作成される、数字とアルファベットを無作為に組み合わせた12桁の文字列からなる ・滅失・亡失等の事情があっても、再発行はされない ・滅失・亡失等の事情により、登記識別情報を提供することができない場合の本人確認の手段として、①登記官による事前通知制度、②資格代理人による本人確認制度がある
登記原因 証明情報	・登記原因を証明する情報（売買契約書など） ・原則として、権利に関する登記を申請する場合に提供しなければならない

表示の登記には
登記原因証明
情報は不要です

◎ 共同申請主義とは？

原則　契約当事者等は共同して登記を申請しなければならない
（共同申請主義）

例外
（単独で申請が可能）

❶登記手続を命じる確定判決による登記
❷相続による登記
❸登記名義人の氏名等の変更（更正）の登記
❹所有権保存の登記

03 登記事項の調査❸

重要度 ★★☆

抵当権は売買でも賃貸でも 注意すべき調査のポイント

登記や書面の作成は不要。
また、借金が返済されると抵当権も消滅します

物件調査で登記を確認する際に、最も注意を要するものの1つに、抵当権があります。

抵当権とは要するに担保のことです。たとえばマンションを購入するために銀行で住宅ローンを組んだ場合、担保としてそのマンションに抵当権が設定されます。万が一、ローンを返せなくなったら、銀行によって競売が申し立てられマンションは売却されることになります。その売却代金から銀行はローンを回収する、これが抵当権の仕組みです。

右ページ上の表に抵当権のポイントを示しています。まず抵当権は、合意だけで成立します。実務では抵当権に関する契約書を作成し、登記も行いますが、宅建士試験上の知識としては、**登記や書面の作成は不要**と覚えてください。

それから、抵当権には**付従性**と呼ばれる性質があります。具体的には、被担保債権（担保された債権）がなければ、つまりお金の貸し借りがなければ抵当権は成立しません。また、お金の貸し借りそのものが無効となった場合には、抵当権も存在しなかったことになります。被担保債権が消滅すると、つまり借金が返済されると抵当権もなくなります。

抵当権の性質に関しては**随伴性**も重要です。債権譲渡（債権の売買）が行われた場合、抵当権は債権の譲受人に移転します。**被担保債権と抵当権は常に一心同体**であるというイメージをもっておくとよいでしょう。

抵当権を設定した後でも自由に処分できる

抵当権を設定した側、つまり**担保を提供した者を抵当権設定者**、抵当権の設定を受けた側、つまり**担保に取った者を抵当権者**といいます。抵当権設定者は抵当権者の同意がなくても、担保として提供した不動産を使用・収益・

◎ 抵当権のポイント

抵当権の成立	抵当権者（債権者）と抵当権設定者（債務者等）が抵当権の設定について合意するだけで成立	
抵当権の目的	不動産（土地・建物）、地上権、永小作権 賃借権には設定できません	
抵当権の性質	付従性	①被担保債権（担保された債権）が成立しなければ、抵当権も成立しない ②被担保債権が消滅すると、抵当権も消滅する
	随伴性	被担保債権が移転すると、抵当権も共に移転する
抵当権の被担保債権の範囲		①利息は、その満期となった最後の2年分についてのみ、優先的に弁済を受けることができる ②後順位抵当権者がいない場合には、満期となった最後の2年分を超える利息についても抵当権を実行できる

抵当権は借金と一心同体なのです

◎ 抵当権設定者・抵当権者にできること

抵当権設定者	抵当権が設定された後も、目的物を使用・収益・処分することが可能
抵当権者	①弁済がないときは、抵当権を実行することができる
	②目的物の損傷行為等に対し、抵当権に基づく妨害排除請求をすることができる
	③目的物の滅失等にともない、抵当権設定者が受け取るべき金銭その他の権利等に物上代位をすることができる

その他の権利とは、保険金請求権、損害賠償請求権、売買代金債権、賃料債権などです

A
抵当権者

抵当権

所有者B
抵当権設定者

処分することができます。人に貸して賃料収入を得ることも可能ですし、買いたい人がいたら売ることもできます。

ただし、抵当権設定者があまりにも無茶な使い方をしている場合には、競売時の落札価格が下がるおそれがあるため、抵当権者は「そのような乱暴な使い方はしないでくれ」とやめさせることもできます。これを**抵当権に基づく妨害排除請求**といいます。

抵当権は物上代位も可能

もし、抵当権の対象となっている建物が火災で滅失した場合には、どのようになるのでしょうか。この場合、抵当権者は、何ができるのでしょうか。

まず、建物の所有者、つまり抵当権設定者は火災に備えて火災保険に加入しているのが一般的です。そして、火災が発生すれば、所有者には保険会社から保険金が支払われることになります。

抵当権者には、この所有者に支払われるはずの保険金を自分に渡すよう求める権利が認められています。保険金は、火災によって滅失した建物のいわば"生まれ変わり"といえるからです。このように、抵当権の目的物が滅失して金銭等に変わった場合に、抵当権者がそれを自分のものとして貸したお金を回収することを**物上代位**といいます。

ただし、**抵当権者が物上代位を行うには**、右図のように、抵当権設定者が保険金を**受領する前に、差押えをしなければならない**ルールがあります。

なお、抵当権に関しては、バリエーションの1つとして**根抵当権**と呼ばれるものもあります。根抵当権の概要は、右ページにまとめておきましたので、目を通しておいてください。

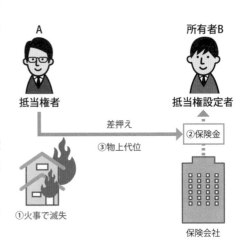

◎ 根抵当権とは？

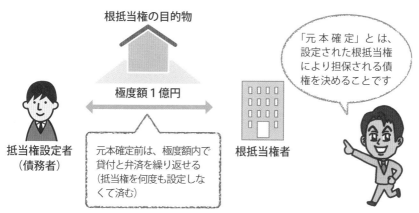

根抵当権の目的物

極度額１億円

抵当権設定者
（債務者）

元本確定前は、極度額内で
貸付と弁済を繰り返せる
（抵当権を何度も設定しな
くて済む）

根抵当権者

「元本確定」とは、
設定された根抵当権
により担保される債
権を決めることです

◎ 根抵当権の抵当権との違い

付従性も随伴性もなし（元本確定前）

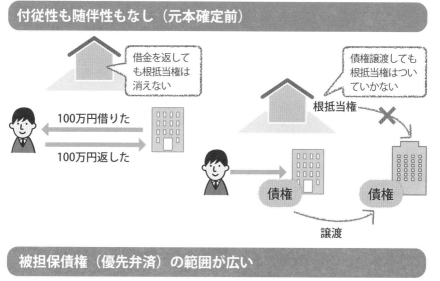

借金を返して
も根抵当権は
消えない

100万円借りた

100万円返した

債権譲渡しても
根抵当権はつい
ていかない

根抵当権

債権

債権

譲渡

被担保債権（優先弁済）の範囲が広い

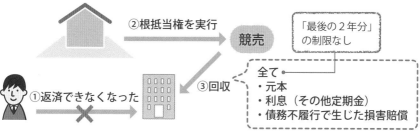

②根抵当権を実行

競売

「最後の２年分」
の制限なし

①返済できなくなった

③回収

全て
・元本
・利息（その他定期金）
・債務不履行で生じた損害賠償

04 現地調査では 物件の欠陥チェックが重要

売主の責任である契約不適合責任には
一部他人物売買等のいくつかの類型があります

　物件調査では、現地に足を運び、実際に物件を調べる**現地調査**を行います。この現地調査ではまず、後からトラブルにならないよう、売主が本当に「売りたいという意思をもった本人なのか」を確かめる**本人確認**が大切です。

　また、現地調査では、**物件に欠陥があるかどうかも**、つまり契約どおりのものなのかもチェックしなければなりません。たとえば、買った新築の家にシロアリが見つかったような場合には契約どおりとはいえません。このような契約の内容に適合しないことがあった場合には、売主の責任（**契約不適合責任**）を問うことが可能になります。

契約不適合責任が認められれば売主に責任追及ができる

　契約不適合責任が認められた場合、売主に「修理して」と請求（追完請求）するほか、修理してもらえない場合などには、代金減額請求ができます。さらに、債務不履行として損害賠償請求もできます。上の例でいえば、シロアリの駆除料金等の費用を売主に請求できます。また、契約不適合の内容が**軽微でなければ解除も可能**です。ただし、損害賠償請求も解除も不適合を**知ってから1年以内**に通知しなければなりません。

　契約不適合責任には「欠陥があった場合」「一部他人物売買」「抵当権等の制限があった場合」「数量指示売買」などの類型があります。

「一部他人物売買」については、民法では他人の物の全部または一部を売ることも有効と認められています。そして、一部が他人の物である場合には「契約不適合」に関する規定が設けられています。

　一方、全部が他人の物である場合には、債務不履行の一般的なルールで対応することになります（194ページ参照）。そして、契約不適合責任があった場合、買主は売主に対して右ページの表のような責任追及をすることができます。

◎ 契約不適合責任

買主ができること	内容	売主の帰責事由	買主に帰責事由がある場合
追完請求	「ちゃんとしたものにして！」	不要	できない
代金減額請求	「代金を安くして！」	不要	できない
解除請求	「キャンセルします！」	不要	できない
損害賠償請求	「弁償して！」	必要	できる場合あり（ただし過失相殺）

※通知には期間制限（種類・品質の不適合の場合は、知ったときから1年以内に売主に通知しなければならない）がある。ただし、売主が悪意・重過失の場合は、期間制限の適用はない
※消滅時効の規定は適用される
※軽微なものは解除できない

追完請求には、①修補、②代替物の引渡し、③不足分の引渡しがあります

 **ワンポイント**

数量指示売買はどのような売買契約？

数量指示売買とは、目的物の実際に要する数量（面積等）を確保するため、数量を表示し、かつその数量を基礎として代金額が決められた売買契約をいいます。

計画的な街づくりをになう都市計画法

法令上の制限で自らの不動産の
利用・処分が自由にできない場合もあります

現地調査を終えたら、次は「法令上の制限に関する調査」を行わなければなりません。

不動産に対しては、各種の法令によって様々な制限が課されることがあります。制限がある場合、不動産の利用や処分は大きな制約を受けることになります。そのため、取引対象となる物件に何らかの法令上の制限がないかどうかをチェックしなければなりません。

具体的に注意すべき法令としては、都市計画法、建築基準法、国土利用計画法、農地法、宅地造成及び特定盛土等規制法、建物区分所有法、土地区画整理法などがあげられます。

都市計画法は都市計画区域に適用される

では、都市計画法による制限から確認していきましょう。**都市計画法は、「計画的な街づくりを行うためのルール」について定めた法律**です。

同法の大きなポイントとなるのは、**都市計画区域**です。これは要するに「このエリアで街づくりを行う」と決められた場所です。都市計画区域と定められた場所に対しては、都市計画法が適用されます。そのために都市計画法では、同法の適用を受ける都市計画区域を定めることを求めています。

この都市計画区域は、さらに**市街化区域**と**市街化調整区域**に区分することができます（任意）。市街化区域はこれから積極的に建物を建てる区域、市街化調整区域は逆に建物が建たないように、市街化しないように調整していく区域になります。わかりやすくいえば、前者は"都会"で、後者は"田舎"のイメージです。

このように都市計画区域を、市街化区域と市街化調整区域に分けることを**区域区分**といいます（**線引き**とも呼ばれています）。

◎ 市街化区域と市街化調整区域

市街化区域　すでに市街地を形成している区域や10年以内に優先的かつ計画的に市街化を図るべき区域（積極的に街を造るところ）

市街化調整区域　市街化を抑制すべき区域（自然を残すところ）

都会　　　田舎

市街化区域　　　市街化調整区域

区域区分
市街化区域と市街化調整区域に分ける（任意）

市街化区域では、住居系、
商業系、工業系など
13種類の用途地域の
いずれかを必ず定めます

　ワンポイント

地域地区とは？

区域区分のほかに、さらに具体的な都市計画として「地域地区」も定められます。地域地区には用途地域や補助的地域地区があります。

06 用途や使用目的別に 13種類ある用途地域

用途地域が指定されると、建蔽率、容積率、高さ制限が導入されます

　市街化区域には**用途地域**が指定されます。用途地域とは、用途や使用目的が違う建物が同じ地域に混在するのを防ぐことを目的として定められるもので、全部で13種類あります。第一種低層住居専用地域であれば「低層」、第一種中高層住居専用地域であれば「中高層」と、キーワードをもとにおさえると頭に入れやすいでしょう。

　用途地域が指定されると、都市計画で建蔽率、容積率、高さ制限が必ず定められます。高さ制限は、①第一種低層住居専用地域と②第二種低層住居専用地域、③田園住居地域では、**10m**または**12m**のうちどちらかの数字を選んで、建物の高さの限度を決めなければなりません。①と②の地域はいわゆる高級住宅街であり、高すぎる建物があって日当たりが悪くなると、そのイメージにそぐわないので高さが制限されていると考えればよいでしょう（建蔽率と容積率については72〜75ページで改めて解説します）。

補助的地域地区は地域地区の1つ

　用途地域は地域地区の1つです。この地域地区には、もう1つ、**補助的地域地区**と呼ばれるものがあります。57ページの表にあるように、用途地域内にだけ指定される種類、用途地域内外で指定できる種類、用途地域外のみに指定される種類に分けられます。まず、①**特別用途地区**は、街に特別な個性を与えたい場合にその指定が行われるとイメージしてください。たとえば、新宿の歌舞伎町と青山の表参道はどちらも商業地域ですが、前者には風俗街があるのに対して、後者にはないなど特徴や雰囲気は全く違います。このような街の個性づくりを図った規制等が行われるのが特別用途地区です。

　②**特例容積率適用地区**の例としては東京駅があげられます。現在の東京駅は改築される際、空中部分の容積率が三菱地所等に売却されました。東京駅

◎ 用途地域の種類

種類		内容	イメージ
住居系	①第一種低層住居専用地域	低層住宅のための良好な住居の環境を保護するために定める地域	高級住宅街
	②第二種低層住居専用地域	主として低層住宅のための良好な住居の環境を保護するために定める地域	
	③田園住居地域 農地取引量の増加を見通して設けられた	農業の利便の増進を図りつつ、これと調和した低層住宅にかかる良好な住居の環境を保護するために定める地域	住宅地の農地の保護
	④第一種中高層住居専用地域	中高層住宅のための良好な住居の環境を保護するために定める地域	マンション街
	⑤第二種中高層住居専用地域	主として中高層住宅のための良好な住居の環境を保護するために定める地域	
	⑥第一種住居地域	住居の環境を保護するために定める地域	住居中心の雑多な街
	⑦第二種住居地域	主として住居の環境を保護するために定める地域	
	⑧準住居地域	道路の沿道としての地域の特性にふさわしい業務の利便の増進を図りつつ、これと調和した住居の環境を保護するために定める地域	国道を少し入ったところの住宅街
商業系	⑨近隣商業地域	近隣の住宅地の住民に対する日用品の供給を行うことを主たる内容とする商業等の業務の利便を増進するために定める地域	近所の商店街
	⑩商業地域	主として商業等の業務の利便を増進するために定める地域	ターミナル駅前
工業系	⑪準工業地域	主として環境の悪化をもたらすおそれのない工業の利便を増進するために定める地域	豆腐工場
	⑫工業地域	主として工業の利便を増進するために定める地域	自動車工場
	⑬工業専用地域	工業の利便を増進するために定める地域	石油化学コンビナート

はその売却代金を改築費用にあてて、一方、三菱地所は購入した容積率を利用して、同社がデベロッパーとなった新丸ビル（東京駅に隣接しています）を通常よりも大きく建てました。このように容積率の売買を通じて、容積の活用を促進するのが特例容積率適用地区の趣旨になります。

③**高層住居誘導地区**は、職住近接のため職場の近くに高層マンションを建てやすくするために指定されます。指定できるところが限られている点に気をつけてください。

次の④**高度地区**は建物の高さのみを規制しています。一方、⑤**高度利用地区**は、建物の**容積率**、**建蔽率**の制限の話になります。字面は似ていますが、規制の中身がそれぞれ全く異なるものである点をおさえてください。

景観地区と風致地区は用途地域の中でも外でも指定できる

⑥**特定街区**は、イメージとしては**高層ビル街**であり、「壁面の位置の制限」がキーワードになります。たとえば高層ビルを建てる場合、その壁面が車道のすぐ近くにならないようオープンカフェなどを設けることが求められています。そうした壁面位置の制限が定められるのが特定街区です。

⑦**防火・準防火地域**は、火災防止のために厳しい規制が設けられた地域になります。

⑧**景観地区**は市街地の**景観**を、一方、⑨**風致地区**は都市の風致、つまり都市における自然の美しさを守ることを目的として指定されます。景観地区も風致地区も指定する必要性が高い場所はいたるところにあるので、用途地域の中でも外でも指定できることになっています。

⑩**特定用途制限地域**は、**用途地域が定められていない土地の区域においてのみ指定**されます。用途地域が定められていれば、そのエリアで通常必要な規制はすでに行われているからです。

たとえば、小学校のあるエリアで用途地域が定められていれば、学校のそばに風俗店を建てられなくなっているでしょう。ゆえに用途地域外では特定用途制限地域を定めることによって、小学校の近くには風俗店を建てられないようにするなどの制限を行うわけです。

◎ 補助的地域地区の種類

定められる場所	種類	内容
用途地域内のみ	①特別用途地区	用途地域内の一定の地区における当該地区の特性にふさわしい土地利用の増進、環境の保護等の特別な目的の実現を図るため、当該用途地域の指定を補完して定める地区 （例：「商業地域でも学校の近くには風俗店はダメ」など）
	②特例容積率適用地区	容積率を近所に売却できるようなところで、容積率の活用を促進して、土地の高度利用を図る地区 （例：東京駅）
	③高層住居誘導地区	職場の近くに高層マンションを建てやすくするために定める地区 （例：芝浦アイランド、東雲キャナルコート）
	④高度地区	高さの最高最低を決める地区
	⑤高度利用地区	建蔽率、容積率の高度な利用を図る地区
用途地域内外	⑥特定街区	高層ビル街で、壁面の位置の制限を定める地区
	⑦防火・準防火地域	市街地における火災の危険を防除するために定める地域
	⑧景観地区	市街地の良好な景観の形成を図る地区
	⑨風致地区	都市の風致を維持するために定める地区
用途地域外のみ	⑩特定用途制限地域	用途地域が定められていない土地の区域（市街化調整区域を除く）内で、良好な環境の形成または保持のため、当該地域の特性に応じて合理的な土地利用が行われるよう制限すべき特定の建築物等の用途の概要を定める地域

用途地域がメインメニューなら、補助的地域地区はトッピングのようなものです

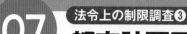

都市計画区域内には都市施設の設置が必要

道路、公園、下水道などのインフラが必要で
義務教育施設が求められる場合もあります

　都市計画では、都市施設を定めることもできます。**都市施設**とは、デパートなどのような都市に特有の施設ではなく、**道路、公園、下水道**などのインフラのことです。都市計画区域内、具体的には市街化区域および区域区分が定められていない都市計画区域内には、これらの都市施設を必ず造らなければなりません。

　都市施設は例外的に、特に必要なときは、都市計画区域外でも定めることができます。言い換えれば、都市計画区域ではない場所であっても、道路、公園、下水道を造ることは可能です（たとえば、都市計画区域から都市計画区域外の地域を経て都市計画区域に行く場合には、都市計画区域外に道路がないと困るでしょう）。さらに、**住居系の用途地域**には、多くの子どもがいるので必ず学校などの**義務教育施設**を都市施設として造らなければなりません。

小さな視点で街づくりを行うのが地区計画

　都市計画では、都市という大きな枠組みではなく、地区というより小さな視点で街づくりを行うために**地区計画**を定めることがあります。

　地区計画を定められる場所は、①用途地域が定められている土地の区域、②用途地域が定められていない土地の区域で一定の条件に該当する区域です。つまり、条件に該当すれば、用途地域であろうとなかろうとどこでも地区計画を定められるわけです。

　地区計画が定められている場所で、造成工事や建築工事等を行うときには**「行為着手の30日前」**までに**「市町村長」**に**「届出」**をしなければなりません（試験ではこの部分の知識が問われます）。

　また、届出が地区計画に適合しない場合には、市町村長が計画変更の勧告を行えることにも注意してください。

◎ 都市施設のポイント

❶都市施設を定めることができる場所

原則：都市計画区域内
例外：特に必要があるときは、都市計画区域外にも定められる。どこでもできる

❷市街化区域・区域区分が定められていない都市計画区域に必ず定められる都市施設

→道路、公園、下水道

❸住居系の用途地域に必ず定めなければならない都市施設

→義務教育施設

◎ 地区計画とは?

地区計画	建築物の建築形態、公共施設その他の施設の配置などから見て、一体としてそれぞれの区域の特性にふさわしい態様を備えた良好な環境の各街区を整備し、開発し、保全するための計画
地区計画が定められる場所	① 用途地域が定められている土地の区域 ② 用途地域が定められていない土地の区域で一定の条件に該当する区域
届出制	① 地区計画の区域のうち、一定の再開発等促進区、開発整備促進区または地区整備計画（主として街区内の居住者などの利用に供される道路等の整備ならびに土地利用に関する計画）が定められている区域内で、土地の区画形質の変更・建築物の建築等をする場合には、行為に着手する日の30日前までに一定の事項を市町村長に届け出なければならない ② この届出が地区計画に適合しない場合、市町村長は変更の勧告をすることができる

地区計画は小さな街づくりなので、市町村長が届出先になるのです

08 造成工事に求められる開発許可

土地の造成のみ、建物を建てるだけなら開発許可はいりません

　都市計画に関しては**開発許可**の知識も重要です。開発許可とは、**開発行為**を行う際に必要とされている許可です。また、開発行為とは、建築物と特定工作物の建築・建設のために行う土地の区画形質の変更、つまり**造成工事**のことをいいます。

　このように開発行為は、建築物と特定工作物を建てることを目的とした造成工事であるため、建物を建てずに土地の造成だけを行う場合、具体的には野外駐車場のような上物（うわもの）がない駐車場を造る場合には、開発許可は不要です。また、**すでに造成されている土地に建物を建てるのも開発行為にはなりません**。200mの高層ビルを建てるような大規模な工事であっても、造成工事を行わなければ開発行為には該当しないため、開発許可は不要なのです。

ゴルフコースは開発行為とみなされる

　開発行為の対象となる特定工作物には、第一種特定工作物と第二種特定工作物があります。第一種特定工作物はコンクリートプラント、アスファルトプラントなどです。プラントは要するに工場なので、それらを造るための造成工事が建築物と同様に開発行為として規制の対象になることは理解しやすいかと思います。

　一方、第二種特定工作物にはゴルフコースがあげられます。ゴルフコースの建設は乱開発につながるおそれがあるので、**建物がなくても、面積を問わずに開発行為**にあたり、原則許可が必要となります。

　また、**1ha以上の野球場、庭球場、動物園、墓園、その他の運動レジャー施設**も第二種特定工作物にあたります。庭球場はテニスコートのことです。これらの施設を造る場合にも、面積が1ha以上であれば建物がなくても開発行為となる点はおさえてください。

◎ 開発行為・特定工作物とは?

開発行為　主として建築物の建築または特定工作物の建設の用に供する目的で行う土地の区画形質の変更をいう

特定工作物

❶第一種特定工作物
コンクリートプラント、アスファルトプラントなど

❷第二種特定工作物
・ゴルフコース（規模は無関係）
・1ha以上の野球場、庭球場（テニスコート）、動物園、墓園、その他の運動レジャー施設

開発行為を行うときには都道府県知事の許可が必要です

◎ 開発行為成立の要件

開発行為

=

| 建築物・特定工作物の建築・建設 | | 土地の区画形質の変更 |

どちらかの要件が欠ければ
開発行為とはならない

たとえばすでに造成された宅地に建物を建設する場合や、青空駐車場の造成工事は開発許可が不要となります

公益上必要な建築物等は
開発許可の取得が不要

そのほか農林漁業用建築物や小規模開発でも
開発許可は不要です

　前述した開発行為に該当したとしても、例外的に開発許可が不要となる場合があります。

　まず第一は、**公益上必要な建築物**です。具体的には、**駅舎、図書館、公民館、変電所、博物館**があげられます。この5つはすべて覚えてしまってください。

　第二は、「都市計画事業等の施行」として行うものです。都市計画事業等の施行を行う場合には、認可が必要になります。認可の対象には開発行為となるような個々の工事も含まれています。そのため、認可があれば、別途、開発許可を得るには及ばないとされているわけです。

　第三は、農林漁業用建築物です。具体的には、畜舎、温室、サイロや**農林漁業者の住居**などです。これらの施設は半ば公益的な目的に使われるものであることから、開発行為の許可は不要となっています。ただし、**市街化区域**で1,000㎡以上のものを開発する場合には許可が必要となります。農林漁業用建築物であっても規模が大きければ、都市化の妨げになるおそれがあるという配慮からでしょう。

小規模開発で許可が必要・不要なケース

　第四は、小規模開発です。右ページの表のように、「市街化区域」では1,000㎡未満、「区域区分が定められていない都市計画区域」と「準都市計画区域」では3,000㎡未満、そして「都市計画区域および準都市計画区域外の区域」では1ha未満は許可が不要です。このうち、都市計画区域および準都市計画区域外の区域は、イメージとしては完全な田舎になります。また、市街化区域に関しては三大都市圏（首都圏、中部圏、近畿圏）の一定の区域では、500㎡未満でも許可がいりません。なお、この小規模開発に関して、市街化調整区域では常に許可が必要となっている点に注意してください。

◎ 開発許可が不要な開発行為

開発行為		公益上必要な建築物[1]	都市計画事業等の施行として行うものなど[2]	農林漁業用建築物[3]	小規模開発
都市計画区域	市街化区域	不要		1,000㎡以上は必要	1,000㎡未満は不要[4]
	市街化調整区域			不要	必要
	区域区分が定められていない都市計画区域				3,000㎡未満は不要
都市計画区域外	準都市計画区域				
	都市計画区域および準都市計画区域外の区域				1ha未満は不要

完全な田舎のイメージです

※1 駅舎、図書館、公民館、変電所、博物館など。社会福祉施設、医療施設、学校、国・地方公共団体の庁舎などは含まれない
※2 土地区画整理事業などの施行として行う開発行為、非常災害のために必要な応急措置として行う開発行為、通常の管理行為、軽易な行為など
※3 畜舎、温室、サイロや農林漁業者の住居など。農産物の貯蔵・加工に必要な建築物は含まれない
※4 三大都市圏の一定の区域では、500㎡未満ならば許可は不要

「都市計画事業等の施行として行うもの」とは、街づくりの一環として行うという意味です

ワンポイント

市街化調整区域では、小規模でも開発許可が必要

市街化調整区域は市街化の抑制を目的として指定されているため、どれほど小さな規模の開発であっても、ほかの例外にあたらない限り許可が必要になります。

開発許可の申請には事前手続が必要

関係者との協議や同意の取りつけを事前に経て、書面で申請します

　開発許可を申請する前に、まずは事前手続が必要になります。右ページに示すように4つの手続がありますが、特に重要なのは**❶開発行為に関係がある公共施設の管理者との協議、および管理者の同意**と**❷開発行為により設置される公共施設を管理することとなる者等との協議**です。「関係がある公共施設の管理者」の例としては開発行為によって消滅する道路の管理者を、「設置される公共施設を管理することとなる者」の例としては開発行為によって新たに造られる道路の管理者をイメージするとよいでしょう。ここでは「関係がある公共施設の管理者」と「設置される公共施設を管理することとなる者」がそれぞれ別の者であることと、求められているものが「**同意**」なのか「**協議**」なのかをおさえてください。

　また、**❸開発区域内の土地等の権利者の相当数の同意**は、自分の所有する土地でなくても、近所の地権者の相当数の同意を得られれば開発行為が可能になることを意味しています。「**相当数の同意**」がポイントです。

許可の場合には理由の通知はない

　許可の申請は口頭ではなく、**書面**が必須となります。

　申請後、許可がおりると、右ページ下の①〜⑤のようなプロセスを経て、⑥工事完了の公告が行われます。

　一方、不許可の場合は書面による理由の通知がなされます。理由が通知される点に注意してください。許可の場合には、許可さえ得られれば十分なので理由の通知はありません。

　また、不許可の理由に納得できない場合には、開発審査会に審査請求を行うことができます。なお、この審査請求の裁決を経なくとも、不許可処分の取消しを求める訴えを裁判所に起こすことができます。

◎ 開発行為の許可手続の流れ

事前手続

❶ 開発行為に関係がある公共施設の管理者との協議、および管理者の同意

❷ 開発行為により設置される公共施設を管理することとなる者等との協議

❸ 開発区域内の土地等の権利者の相当数の同意

❹ 1 ha以上の開発行為は、有資格者の設計が必要

事前手続とは、開発許可の申請前の根回しをすることです

許可申請

許可申請

必ず書面で行わなければならない

開発許可

① 開発登録簿に登録
↓
② 施工
↓
③ 工事完了した旨の届出
↓
④ 工事完了後の検査
↓
⑤ 検査済証の交付
↓
⑥ 工事完了の公告

不許可

・理由の通知（書面で行われる）

・不許可処分に不服がある場合には、開発審査会に審査請求が可能

・審査請求の裁決を経ていなくても、不許可処分について裁判所に訴えを提起することができる

開発区域内での建築規制

工事完了の公告前には、原則として
建物等の建設が禁じられています

　開発許可を受けた開発区域内では建築規制が行われます。規制の中身は工事完了の公告の前か後かで異なります。

　まず、「工事完了の公告前」とは、土地の造成工事が終わる前と考えてください。造成工事が終わる前に建物等が建てられてしまうと工事の妨げになるため、原則として建物等の建設が禁じられます（**土地の分譲は可能**です。土地を販売しても工事の邪魔にはならないからです）。

　ただし、建設が許される例外も認められています。①工事のための仮設建築物・特定工作物を建築・建設するとき、②都道府県知事が支障がないと認めたとき、③開発行為に不同意の土地所有者等が、建築物・特定工作物を建築・建設するときです。①の「工事のための仮設建築物」とは、工事の作業員の休憩室や荷物置き場などです。また、③の「開発行為に不同意の土地所有者等」はそもそも開発行為に参加していないので、自由に自分の土地に建物等を建てることができます。

工事完了の公告後に知事の許可があれば
予定以外のものを建てられる

　一方、「工事完了の公告後」とは、造成工事が終わった後です。この場合には、建築を予定していた建物等に限って建てることが許されています。ただし例外的に、①都道府県知事が許可したとき、②開発区域内の土地について用途地域が定められている場合には、予定以外の建物等が建てられます。

　なお、右ページ下の「開発許可を受けた開発区域以外の区域内における建築規制」は開発行為を行っていない場所の規制です。宅建士試験で出題されるのは**市街化調整区域**の部分になります。**開発許可が不要の場合と同様の例外が設けられている**点をおさえておいてください。

◎ 開発許可を受けた開発区域内における建築規制

	工事完了の公告前	工事完了の公告後
原則	建築物の建築、特定工作物の建設はできない（土地の分譲は可能）	予定建築物・特定工作物以外の新築・新設はできない（土地の分譲は可能）
例外	①工事のための仮設建築物・特定工作物を建築・建設するとき ②都道府県知事が支障がないと認めたとき ③開発行為に同意していない土地所有者等が、建築物・特定工作物を建築・建設するとき	①都道府県知事が許可したとき ②開発区域内の土地について用途地域が定められているとき

> 別途、建築基準法等により規制されます

◎ 開発許可を受けた開発区域以外の区域内における建築規制

市街化調整区域	原則	都道府県知事の許可を受けなければ、建築物の新築はできない。また、建築物を改築したり、用途を変更することもできない
	例外	以下のように、開発許可が不要の場合と同じ場合には、知事の許可は不要 （例） ・農林漁業用建築物の建築 ・公民館、図書館等の公益上必要な建築物の建築 ・都市計画事業等の施行として行う建築物の建築
その他の区域		都道府県知事の許可なしに建築可

> 用途規制などは及びます

> 開発行為と違い、建物のみでも市街化調整区域では許可が必要です

都市計画制限で課される建築制限

事業決定前にも市街地開発事業等予定区域
として制限が課されることもあります

　都市計画の事業が決定されると、所定のエリアに対して制限が課されることになります。これを**都市計画制限**といいます。具体的には、①都市計画施設の区域内、市街地開発事業の施行区域内、②都市計画事業の事業地内に対して建築制限等が行われます。

　たとえば、新しい道路を開設する場合であれば、まずどこに道路を造るのかが検討されます。その結果、道路が造られることに決まった①都市計画施設の区域内、市街地開発事業の施行区域内では、建物を建てるのに許可が必要となります。

　もっとも、建物建築の許可を求めたとしても、基本的には許可は出ないでしょう。許可がおりなければその区域内では建物が新たに建てられなくなります。一方、昔からある建物はどんどん老朽化して、1軒ずつなくなっていきます。そうしてすべての建物がなくなったところで、初めて道路の開設工事を始めるわけです。

　そして、道路工事が始まると、今度は②都市計画事業の事業地内としての制限が課されることになります。短期間で工事を終えることを想定しているからなのか、この制限はかなり厳しい内容になっています。右ページの表に示したように、建物を建てるのにも、土地を造成するのにも、何か物を置くのにも、さらには非常災害のために必要な応急措置を行うのにも原則的に都道府県知事等の許可が必要になります。

都市計画事業が決定される前に制限が課されることもある

　また、都市計画事業が決定される前に制限が課されることもあります。制限が課される場所は**市街地開発事業等予定区域**と呼ばれ、右の表に示したように、建物を建てたり、土地を造成したりする際に許可が必要となります。

◎ 都市計画制限のポイント

工事が始まった場所を事業地内といいます

弱い規制から工事が始まると強い規制へ

中くらいの規制から工事が始まると強い規制へ

	都市計画施設の区域内、市街地開発事業の施行区域内	市街地開発事業等予定区域の区域内	都市計画事業の事業地内
建築物の建築	○	○	○
土地の形質の変更	×	○	○
一定の物件の設置・堆積	×	×	○
非常災害のために必要な応急措置等	×	×	○
制限の強さ	弱	中	強

○ 都道府県知事（市の区域内にあっては当該市の長）の許可が必要　×許可が不要

都市計画制限に関しては、道路やニュータウンを造るというような大規模な事業をイメージするとよいでしょう

法令上の制限調査❾

重要度 ★★☆

建築の安全基準を定める 建築基準法

用途規制は試験の頻出ポイント。
用途地域に建てられる建物を規定しています

建築基準法は集団規定と単体規定に分けられる

　建築基準法は、安全性の保護のため、建物の敷地・設備・構造・用途について最低基準を定めた法律です。同法は**集団規定**と**単体規定**に分けることができます。

　集団規定とは都市計画区域のように街づくりが行われている場所に対する規制、単体規定は建築物単体に対する規制です。宅建士試験で出題されるのは**集団規定の内容が中心**となります。特に用途規制に関する知識が頻繁に問われています。

用途規制があっても許可があれば建てられる

　用途規制とは、用途地域においてどのような建物を建てられるのか、建てられないのかを具体的に規制したものです。右ページの表に各用途地域の用途規制の中身をまとめました。

　「○」で示した部分は、取り上げている建築物を自由に建てられることを意味しており、「×」で示した部分は許可がなければ建てられないことを意味しています。逆にいえば、×の場合でも許可があれば建てられることには注意してください。

　また、建物の敷地が用途規制の異なる複数の地域にまたがる場合は、敷地の面積が大きいほうの用途規制が適用されます。

　たとえば、敷地が200㎡で、そのうち150㎡が第一種低層住居専用地域、残り50㎡が第二種低層住居専用地域であれば、第一種低層住居専用地域の規制が課されることになります。

◎ 用途規制のまとめ

建築物の種類 / 用途地域	住居系								商業系		工業系		
	第一種低層住居専用	第二種低層住居専用	田園住居	第一種中高層住居専用	第二種中高層住居専用	第一種住居	第二種住居	準住居	近隣商業	商業	準工業	工業	工業専用
宗教施設、巡査派出所、公衆電話所、診療所、公衆浴場、保育所	○	○	○	○	○	○	○	○	○	○	○	○	○
人が住むところ（住宅等）	○	○	○	○	○	○	○	○	○	○	○	○	×
小・中・高等学校	○	○	○	○	○	○	○	○	○	○	○	×	×
物品販売店舗、飲食店1（2階以下かつ150㎡以内）	×	○	○	○	○	○	○	○	○	○	○	○	×
物品販売店舗、飲食店2（2階以下かつ500㎡以内）	×	×	○※2	○	○	○	○	○	○	○	○	○	×
自動車車庫（2階以下かつ300㎡以内）	×	×	×	○	○	○	○	○	○	○	○	○	○
病院、学校（大学、高専、専修学校）	×	×	×	○	○	○	○	○	○	○	○	×	×
自動車教習所	×	×	×	×	×	○	○	○	○	○	○	○	○
ホテル、旅館	×	×	×	×	×	○	○	○	○	○	○	×	×
カラオケボックス	×	×	×	×	×	×	○	○	○	○	○	○	○
倉庫業を営む倉庫	×	×	×	×	×	×	×	○	○	○	○	○	○
自動車修理工場（150㎡以内）	×	×	×	×	×	×	○	○	○	○	○	○	○
劇場、映画館、演芸場（客席床面積200㎡未満）	×	×	×	×	×	×	×	×	○	○	○	×	×
物品販売店舗、飲食店（10,000㎡超）※1	×	×	×	×	×	×	×	×	○	○	○	×	×
劇場、映画館、演芸場（客席床面積10,000㎡超）	×	×	×	×	×	×	×	×	○	○	○	×	×
料理店、キャバレー	×	×	×	×	×	×	×	×	×	○	○	×	×
特殊（卸売市場、火葬場、汚物処理場）	都市計画で位置を定める												

○ 自由に建築可　×建築には特定行政庁の許可が必要
※1 展示場、遊技場等を含む
※2 農家レストラン、農産物直売所

特別用途地区（57ページ参照）では、用途制限の緩和もできます

14 建蔽率は敷地面積に対する建築面積の割合

建蔽率の上限は、用途地域との組合せで指定されます

　用途地域では前述のように建蔽率も制限を受けます。建蔽率は、**敷地面積に対する建築面積の割合**です。建物を建てるときに1階部分の面積をどれだけ取れるのか、逆にいえば、庭の部分にどれだけの面積をあてなければならないのかを示すのが建蔽率といえます。

　狭い範囲に家が建ち並ぶ住宅街などで敷地いっぱいに建物を建ててしまうと、日照や風通しが悪くなったり、火事が起きたときに延焼する危険性があります。そこで、建物と建物の間に余裕をもたせるために、建築基準法で建蔽率の制限が設けられているのです。建蔽率の上限は右ページの表に示すように用途地域と組み合わせる形で指定されています。この上限の範囲内で、具体的な建蔽率の上限が都市計画で決められます。

建蔽率が緩和される場合もある

　この都市計画で決められた建蔽率の上限は、一定の場合、特別に緩和されます。まず、①**特定行政庁が指定する角地の場合**、つまり特定行政庁が角地として認めた場合には、**上限に10%がプラスされます**。その結果、より大きな建物を建てられるようになるわけです。

　また、②**防火地域で耐火建築物等または準防火地域で耐火・準耐火建築物等の場合にも、上限が10%プラスされます**。さらに、防火地域で耐火建築物等の場合で、この建蔽率の緩和措置が**商業地域**に適用される場合には、建蔽率の規制がなくなります。つまり、建蔽率は10分の10になります。そもそも商業地域は建蔽率の上限が10分の8という最大の数値になっています。規制を最小限にすることでビジネス目的の土地活用が最大限に図られるわけですが、**耐火建築物**にすることで、さらに土地の上に目いっぱい建物が建てられるようになります。

建蔽率の最高限度

用途地域	原則	緩和			
		①特定行政庁が指定する角地	②準防火地域内で耐火建築物等・準耐火建築物等	③防火地域内で耐火建築物等	④①と②または③の両方に該当する場合
第一種低層住居専用地域 第二種低層住居専用地域 田園住居地域 第一種中高層住居専用地域 第二種中高層住居専用地域 工業専用地域	$\dfrac{3 \cdot 4 \cdot 5 \cdot 6}{10}$	$+\dfrac{1}{10}$	$+\dfrac{1}{10}$	$+\dfrac{1}{10}$	$+\dfrac{2}{10}$
工業地域	$\dfrac{5 \cdot 6}{10}$	$+\dfrac{1}{10}$	$+\dfrac{1}{10}$	$+\dfrac{1}{10}$	
第一種住居地域 第二種住居地域 準住居地域 準工業地域	$\dfrac{5 \cdot 6 \cdot 8}{10}$	$+\dfrac{1}{10}$	$+\dfrac{1}{10}$	$+\dfrac{1}{10}$ $\dfrac{8}{10}$ と定められた地域は規制なし	$+\dfrac{2}{10}$ $\dfrac{8}{10}$ と定められた地域は規制なし
近隣商業地域	$\dfrac{6 \cdot 8}{10}$	$+\dfrac{1}{10}$	$+\dfrac{1}{10}$		
商業地域	$\dfrac{8}{10}$	$+\dfrac{1}{10}$	$+\dfrac{1}{10}$	規制なし	規制なし
用途地域の指定のない区域	$\dfrac{3 \cdot 4 \cdot 5 \cdot 6 \cdot 7}{10}$	$+\dfrac{1}{10}$	$+\dfrac{1}{10}$	$+\dfrac{1}{10}$	$+\dfrac{2}{10}$

建築面積

敷地面積

準防火地域では準耐火建築物等でも上限にプラスされます

※原則は、上の数値から都市計画で定める

容積率は敷地面積に対する延べ面積の割合

前面道路の幅員が 12m 未満の場合には算出方法が特殊です

　容積率は**敷地面積に対する延べ面積の割合**です。つまり、土地の面積に対する建物の全フロアの床面積を合計したものの割合になります。建蔽率と同様、容積率も用途地域と組み合わせる形で指定され、具体的な容積率の上限が都市計画で決められる仕組みとなっています。

　ただし、建蔽率とは異なる点として、前面道路の幅員が**12 m未満の場合**には、容積率の上限は特別な形で求められます。前面道路が狭い場所で、容積率の大きな建物の建築を認めると、火事等の災害が起こった場合に自動車を使った救助活動等の妨げになる危険があるからです。

　具体的には、前面道路の幅が 12 m未満の場合には、右ページの表中の「前面道路の幅員が 12 m未満の場合に前面道路の幅員に乗じる数値」と示されたところにあげられている数値を道路の幅にかけます。たとえば、第一種低層住居専用地域や第一種住居地域など住居系の地域の場合であれば 10 分の 4 を、近隣商業地域や工業地域など住居系以外の地域の場合であれば 10 分の 6 をかけます。そしてそのかけ算によって導かれた数値と都市計画で決められた数値を比べて小さいほうが、最終的な容積率の上限となります。

容積率が 10 分の 30、前面道路の幅員が 5 mの場合

　たとえば、準住居地域にある甲建物で都市計画により容積率が 10 分の 30 に指定されていたとします。前面道路の幅員が 5 mの場合、まず道路幅の容積率は以下の計算式で導かれます。

　5 × 10 分の 4 = 10 分の 20

　すると都市計画によって指定された容積率よりも、道路幅の容積率のほうが小さいことになります。そこで、この 10 分の 20 が甲建物の容積率の上限になるのです。

◎ 容積率の最高限度

用途地域	原則	前面道路の幅員が12m未満の場合に前面道路の幅員に乗じる数値
第一種低層住居専用地域 第二種低層住居専用地域 田園住居地域	$\dfrac{5 \cdot 6 \cdot 8 \cdot 10 \cdot 15 \cdot 20}{10}$	$\dfrac{4}{10}$
第一種中高層住居専用地域 第二種中高層住居専用地域 第一種住居地域 第二種住居地域 準住居地域	$\dfrac{10 \cdot 15 \cdot 20 \cdot 30 \cdot 40 \cdot 50}{10}$	$\dfrac{4}{10}$ （特定行政庁が都道府県都市計画審議会の議を経て指定する区域内では、前面道路の幅員に6/10を乗じる）
近隣商業地域 準工業地域	$\dfrac{10 \cdot 15 \cdot 20 \cdot 30 \cdot 40 \cdot 50}{10}$	$\dfrac{6}{10}$ （特定行政庁が都道府県都市計画審議会の議を経て指定する区域内では、前面道路の幅員に4/10または8/10を乗じる）
工業地域 工業専用地域	$\dfrac{10 \cdot 15 \cdot 20 \cdot 30 \cdot 40}{10}$	
商業地域	$\dfrac{20 \cdot 30 \cdot 40 \cdot 50 \cdot 60 \cdot 70 \cdot 80 \cdot 90 \cdot 100 \cdot 110 \cdot 120 \cdot 130}{10}$	
用途地域の指定のない区域	$\dfrac{5 \cdot 8 \cdot 10 \cdot 20 \cdot 30 \cdot 40}{10}$	

3階床面積 + 2階床面積 + 1階床面積 ＝ 延べ面積

敷地面積

共同住宅・老人ホーム等の廊下や階段の床面積は、延べ面積に含まれません

※原則は、上の数値から都市計画で定める
※前面道路の幅員が12m未満の場合には「前面道路の幅員が12m未満の場合に前面道路の幅員に乗じる数値」を道路の幅にかけて、都市計画で定められた数値と比較して小さいほうが容積率の上限となる

16 建築基準法の代表的な建築規制

斜線制限、日影規制、接道義務、
道路内の建築規制などがあります

　建築基準法では、建蔽率や容積率のほかにも、建物に対して様々な制限が定められています。ここでは、代表的なものとして**斜線制限**、**日影規制**、接道義務、道路内の建築規制などの中身を確認しましょう。

　まず、斜線制限とは地面から一定の基準で斜線を引き、その斜線の中に収まるように建物を建てなければならないという制限で、**日照（日当たり）などの確保を目的**とした規制です。

　斜線制限には、右ページ上の表に示したように３種類があります。

　まず、道路斜線制限は道路の明るさなどを確保するために行われます。この制限は**すべての場所に対して適用**されます。

　隣地斜線制限は、隣の土地の日照などを保つために行われます。この制限は第一種低層住居専用地域、第二種低層住居専用地域と田園住居地域には適用がありません。それらの地域には、前述した高さ制限が適用されるからです。つまり、同じ趣旨の制限を重ねて行う必要はないのです。

　北側斜線制限は、北側の土地への配慮に基づく制限です（太陽は南から照らすため、北側の土地は暗くなりがちです）。この制限は、**住居専用地域と田園住居地域、中高層住宅専用地域（日影規制の対象区域を除く）のみに適用**される点に注意してください。

商業地域、工業地域、工業専用地域は日影規制の対象外

　日影規制は、日影のために近所が迷惑をこうむらないように建物を建てることを義務づけた規制です。地方公共団体の条例で指定する区域の対象建築物に対して適用されます。右ページ下の表に指定できる対象区域をあげました。商業地域、工業地域、工業専用地域が含まれておらず、それらの区域は日影規制の対象にはなりません。

◎ 斜線制限のまとめ

	第一種低層住居専用地域、第二種低層住居専用地域、田園住居地域	第一種中高層住居専用地域、第二種中高層住居専用地域	第一種住居地域、第二種住居地域、準住居地域、近隣商業地域、商業地域、準工業地域、工業地域、工業専用地域、用途地域の指定のない区域
道路斜線制限	○	○	○
隣地斜線制限	×	○	○
北側斜線制限	○	○ （日影規制の 対象区域を除く）	×

○ 適用される　× 適用されない

◎ 日影規制のポイント

対象区域	第一種低層住居専用地域、第二種低層住居専用地域、田園住居地域	第一種中高層住居専用地域、第二種中高層住居専用地域、第一種住居地域、第二種住居地域、準住居地域、近隣商業地域、準工業地域	用途地域の指定のない区域
対象建築物	軒の高さが7mを超える建築物または地階を除く階数が3以上の建築物	高さが10mを超える建築物	①軒の高さが7mを超える建築物もしくは地階を除く階数が3以上の建築物、または②高さが10mを超える建築物のうちから、地方公共団体がその地方の気候および風土、当該区域の土地利用の状況等を勘案して条例で指定するもの

※対象区域は、上記の対象区域から地方公共団体の条例で指定する区域

同じ敷地内に複数の
建築物があるときは、
1つとみなされます

2項道路に指定されれば接道義務に反しない

　接道義務は、十分な幅をもった道路に接していない土地の上に建物を建てることを禁じた義務です。

　まず、**原則として幅が4m以上の道路に間口が2m以上接していないと建物を建てることはできません。**4m以上の道路がないと火災の際に、道路の片側に路上駐車している車が1台あるだけでも消防車が入ることが難しくなりますし、また、2m以上の間口がないと、建物の敷地内に入って円滑な救助活動を行うことが困難になるからです。

　ただし、間口が2m未満でも周囲に広い空地（くうち）がある場合には、例外的に建物を建てられる場合があります。

　また、道路の幅が4m未満の場合でも、**2項道路に指定されれば接道義務に反しない**ことになります。2項道路では具体的には、**①建築基準法の集団規定が適用されるにいたった際、②現に存在し、すでに建築物が建ち並んでいるもののうち、③特定行政庁の指定があるものに関しては、幅員4m未満の道路でも許される**ことになります。ただし、建て替える際には**セットバック**（右ページ・ワンポイント参照）が必要となります。

公衆便所や派出所は道路内にも建てられる

　道路に関しては、道路内には建物を建てたり、壁を造ったりしてはいけないという規制もあります。いうまでもありませんが、道路に建物や壁があれば通行の妨げになるからです。この道路内には、道路の空中も地下も含まれます。

　ただし、例外的に右ページ下の❶〜❸は道路内に建てることも可能です。❶の地盤面下に設ける建築物の例としては、ターミナル駅などの地下街があげられます。また、❷の公衆便所や巡査派出所に関しては歩道に設けられることが多いでしょう。❸の公共用歩廊の例はアーケードやデパートの渡り廊下などです。歩道も道路なので規制の対象になりますが、これらは公益的な施設なので例外として認められています。

◎ 接道義務の内容

		道路の幅員	接する部分の長さ
原則		接する道路は幅員4m以上	道路に2m以上接していなければならない
例外	原則を緩和	①建築基準法の集団規定が適用されるにいたった際、②現に存在し、すでに建築物が建ち並んでいるもののうち、③特定行政庁の指定があるものは幅員4m未満でもよい（2項道路）	周囲に広い空地がある建築物等で所定の条件を満たし、特定行政庁が交通上、安全上、防火上および衛生上支障がないと認めるものは、2m以上接していなくてもよい
	原則を加重	地方の気候・風土の特殊性等により、特定行政庁が指定する区域内では幅員6m以上が必要となる	一定の建築物（特殊建築物や延べ面積が1,000㎡超の建築物等）については、地方公共団体が条例により、制限を付加（強化）できる

制限を緩和することは
認められていません

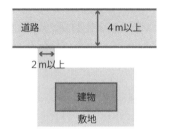

道路　4m以上

2m以上

建物

敷地

◎ 道路内の建築規制

原則　道路内には、建築物を建築したり、敷地を造成するための擁壁（かこい壁）を築造したりしてはならない

例外
❶地盤面下に設ける建築物
❷公衆便所、巡査派出所など公益上必要な建築物で、特定行政庁が通行上支障がないと認めて、建築審査会の同意を得て許可したもの
❸公共用歩廊など特定行政庁が安全上、防火上および衛生上ほかの建築物の利便を妨げ、その他周囲の環境を害するおそれがないと認めて、建築審査会の同意を得て許可したもの

ワンポイント

セットバックとは？

2項道路に指定された場合には、家などを建て替えるときに道路の中心線から2m以上後退したところに建物を建てなければなりません。これをセットバックといいます。

火災防止が目的の
防火地域と準防火地域

防火地域では看板や広告塔、
装飾塔などについて規制があります

建築基準法上の制限としては、**防火地域、準防火地域**内における建築制限もおさえておくことが必要です。防火地域、準防火地域はいずれも人口密集地などを対象に**火災の防止**を目的として指定されます。右ページにそれぞれの地域における制限の中身をまとめておきましたが、特に重要なポイントは以下のとおりです。

まず、**防火地域では、地階を含む階数が３階以上か、または延べ面積が100㎡を超える場合には耐火建築物等にしなければなりません。**

また、右ページ上の表の「その他」に示してあるように、防火地域内にある看板、広告塔、装飾塔などのうち、建物の屋上に設けるもの、または屋上でなくても高さが３ｍを超えるものは**不燃材料**で造らなければなりません。屋上にあるもの、高さ３ｍを超えるようなものが、木材などの燃えやすい素材で造られているのは火災防止の観点からは望ましくないからです。

なお、準防火地域には、このような看板、広告塔、装飾塔などに関する規制はありません。あくまでも**防火地域内だけの規制**である点に注意してください。

建築物の燃えやすさで建築制限の中身を理解

一方、**準防火地域では、地階を除く階数が４階以上か、または延べ面積が1,500㎡を超える場合には耐火建築物等にしなければなりません。**

一番燃えにくいのが耐火建築物、次に燃えにくいのが準耐火建築物、そしてやや燃えにくいのが技術的基準適合建築物、燃えやすいのが木造建築物というようにイメージしておくと、防火地域・準防火地域内における建築制限の中身をより理解しやすくなるかもしれません。

◎ 防火地域の建築制限の内容

耐火建築物等としなければならない建築物	地階を含む階数が3階以上、または延べ面積が100㎡超
耐火・準耐火建築物等としなくてもよい建築物	①延べ面積が50㎡以内の平家建の附属建築物で外壁および軒裏が防火構造のもの ②門または塀（高さが2mを超えるものは、不燃材料で造り、または覆われたものに限る）
その他	防火地域内にある看板、広告塔、装飾塔その他これらに類する工作物で、建築物の屋上に設けるものまたは高さが3mを超えるものは、その主要な部分を不燃材料で造り、または覆わなければならない

> この制限は防火地域だけの話で、準防火地域にはありません

◎ 準防火地域の建築制限の内容

耐火建築物等としなければならない建築物	地階を除く階数が4階以上、または延べ面積が1,500㎡超
その他	準防火地域内にある木造建築物等は、その外壁および軒裏で延焼のおそれのある部分を、防火構造としなければならない

> 「耐火建築物と同等以上の延焼防止性能」というのは準耐火建築物のことではありません。試験では耐火建築物「等」と覚えてください

ワンポイント

延べ面積は床面積の合計

延べ面積は建築物の各階の床面積の合計のことです。たとえば3階建ての建物で、1階の床面積が70㎡、2階が60㎡、3階が50㎡であれば、延べ面積は180㎡になります。

計画的な街づくりには
建築確認が必要

建築主事や指定確認検査機関に申請して
建築確認を得ます

　建築基準法で定められているルールとして、建物を建てるときに、**建築主事または指定確認検査機関に申請して建築確認を得なければならないこと**があります。

　建築確認が必要になる場合として、まずは都市計画区域、準都市計画区域、準景観地区で建物を建築する場合があげられます。要は計画的な街づくりを行っているところでは建物の種類・規模を問わずに、どんなに小さな建物であっても建築確認が必要になるということです。

　一方、それ以外の場所では、大規模建築物にあたる場合にのみ建築確認が必要になります。具体的には、①床面積200㎡超の特殊建築物、②木造（3階以上、延べ面積500㎡超、高さ13m超、軒高9m超のいずれかに該当するもの）、③木造以外（2階以上、延べ面積200㎡超のいずれかに該当するもの）のどれか1つでも該当すれば大規模建築物になります。そして、大規模建築物であれば新築はもちろん、10㎡を超える増改築・移転や大規模修繕・大規模模様替えを行う場合も建築確認を申請しなければなりません。

　また、①に関しては、何が特殊建築物にあたるのかを、しっかりとおさえておくことが大切です。事務所は該当しませんが、**共同住宅、つまりアパートは特殊建築物になる**点に注意してください。

用途を変更する場合にも建築確認が必要になる

　特殊建築物に関しては、たとえば学校だった建物を映画館として利用するように、200㎡超の特殊建築物に**用途を変えるときも建築確認が必要**になります。学校、映画館のそれぞれを建てるときに守るべき法令上の安全基準等は異なっているからです。一方、類似の用途変更の場合、たとえば劇場から映画館に変更するなど同じような用途に変える場合には建築確認は不要です。

◎ 建築確認が必要になる場合

区域	建築物の種類・規模	行為（○建築確認が必要　×不要）		
		新築	10㎡超の 増改築・移転※1	大規模修繕 ・大規模 模様替え
全国	大規模建築物 ①床面積が200㎡超の特殊建築物 　※2、※3 ②木造（地階を含む階数が3階以上、延べ面積が500㎡超、高さ13m超、軒高9m超のいずれかに該当するもの） ③木造以外（地階を含む階数が2階以上、延べ面積が200㎡超のいずれかに該当するもの）	○	○	○
都市計画区域、準都市計画区域、準景観地区 ※4	建築物の種類・規模を問わない	○	○ （防火・準防火地域は10㎡以内でも○）	×

戸建住宅や事務所は特殊建築物には含まれません

※1　増築後に規模の要件（①〜③の要件）を満たす場合には、建築確認が必要になる
※2　特殊建築物は、映画館、劇場、病院、学校、ホテル、共同住宅、体育館、公会堂、寄宿舎、老人ホーム、百貨店、展示場、倉庫、自動車車庫、コンビニエンスストアなど
※3　建築物の用途を変更して※2に示す特殊建築物のいずれかとなる場合も、建築確認が必要。ただし、政令で指定する一定の類似の用途相互間での用途変更の場合は不要
※4　都市計画区域、準都市計画区域については、都道府県知事が都道府県都市計画審議会の意見を聴いて指定する区域を除く。準景観地区については、市町村長が指定する区域を除く

ワンポイント

建築確認とは？

建築確認は、建築を予定している建物が法令に反していないかについて、建築主事などによるチェックを受ける手続です。

大規模土地売買の届出を定める国土利用計画法

届出事項は売買代金と利用目的の2つ。
事後届出での審査対象は利用目的のみです

　国土利用計画法は大きな土地の売買が行われたときに、利用目的や売買代金等に関する届出を行うことを義務づけた法律です。土地の買占め等により不動産の利用が阻害されるのを防ぐために制定されました。

　右ページの表は国土利用計画法の届出のポイントをまとめたもので、この中では事後届出制の中身をおさえることが大切です。まず、届出を行わなければならない届出義務者は**権利取得者**です。売買の場合であれば**買主が契約締結後、2週間以内に届け出なければなりません**。届出対象面積は、市街化区域の場合は2,000㎡以上、市街化調整区域、区域区分が定められていない都市計画区域の場合は5,000㎡以上、都市計画区域外（準都市計画区域を含む）の場合は10,000㎡以上です。買主が1人で2,000㎡、5,000㎡、10,000㎡の土地を買った場合には届出が必要になるというイメージです。

　届出をすべき事項は**売買代金**と**利用目的**の2つですが、実際に審査の対象となるのは利用目的のみです。この届出をしなかったとしても契約が無効になるわけではありませんが、罰則が科されます。一方、利用目的の審査の結果、**勧告を受けた場合、それに従わなくても罰則はありません**。

農地法5条の許可を受けた場合には届出が必要になる

　①国、地方公共団体等が取引した場合、②民事調停法による調停に基づく場合、③農地法3条1項の許可を受けた場合は届出は不要となります。③については、農地を農地のまま売買するので利用目的は明確ですし、値上がりする可能性も乏しいので届出が不要になります。逆に農地法5条の許可を受けた場合には、農地を宅地に転用して売買するので、値上がりする可能性があります。そのため、**農地法5条の許可を受けた場合には、一定面積以上の取引で届出が必要**になります。この点は、ぜひ注意してください。

◎ 国土利用計画法の届出のポイント

	事後届出制	注視区域 (事前届出制)	監視区域 (事前届出制)
届出義務者	権利取得者	当事者双方	
届出時期	契約締結後 2週間以内に届出	契約締結前に届出	
届出の要件	土地に関する権利を、対価を得て、移転・設定する売買等の契約 (予約を含む)を締結した(する)場合		
届出対象面積	・市街化区域では2,000㎡以上 ・市街化調整区域、区域区分が定められて 　いない都市計画区域では5,000㎡以上 ・都市計画区域外(準都市計画区域を含 　む)では10,000㎡以上		左の面積に満たな い範囲で都道府県 の規則で定められ た面積以上
届出をしない 場合の契約の 効力	有効		
例外的に届出 が不要な場合	①国・地方公共団体等が取引した場合 ②民事調停法による調停に基づく場合 ③農地法3条1項の許可を受けた場合		
審査対象	利用目的のみ	価額(売買代金)および利用目的	

届出をしなくても契約
は無効になりません
が、罰則はあります

ワンポイント

届出義務に違反した場合の罰則

勧告に従わなくても罰則はありませんが、届出義務に違反した場合
に科される罰則は、6カ月以下の懲役または100万円以下の罰金
です。

20

農地法では農地の取扱いルールを規定

重要度 ★★★

権利移動、転用、転用目的権利移動の
3つの規制があります

　農地法は農地の取扱いに関するルールを定めた法律です。右ページの表にまとめたように、同法では3条、4条、5条それぞれにおいて規制が設けられています。

　3条は権利移動の場面、つまり農地を農地のまま売る場合に、4条は転用の場面、要するに農地をつぶす場合に、そして5条は転用を目的とした権利移動の場面、つまり農地をつぶして売る場合に適用されることになります。**3条では農業委員会の許可が、4条、5条では、都道府県知事等の許可が必要**になる点をおさえましょう。

国または都道府県が農地の権利を取得する場合、3条は適用されない

　3条に関しては、国または都道府県が農地の権利を取得する場合には適用されません（市町村が権利を取得する場合は許可が必要です）。また、遺産分割・相続による取得、農事調停による取得の場合も許可が不要です。

　一方、4条、5条に関しては、例外もありますが、国、都道府県が農地の転用や、転用して権利を取得する場合にも適用されます。

　なお、**採草放牧地を転用する場合、つまり牧場をつぶす場合には4条の適用はなく許可はいらない**ことになっています。

　また、4条、5条に関しては、市街化区域内の場合には、あらかじめ農業委員会へ届け出れば許可が不要になります。

　必要な許可・届出が行われなかった場合、規制の対象となる行為は原則無効になります。工事などを行っている場合には工事停止や原状回復等を命じられることもあります。また、罰則（3年以下の懲役または300万円以下の罰金）があることも試験対策としておさえておきましょう。

◎ 農地法3条、4条、5条の規制のポイント

		3条 （権利移動） ［使う人が変わる］	4条 （転用） ［使い方が変わる］	5条 （転用目的権利移動） ［両方変わる］
許可権者		農業委員会	都道府県知事等（農業委員会経由）	
適用除外 （許可不要）	共通	①土地収用法により収用・使用（転用）される場合 ②農林水産省令で定める場合		
	非共通	・国または都道府県が権利を取得する場合 ・遺産分割・相続による取得 ・民事調停法による農事調停による取得	国または都道府県等が道路、農業用用排水施設等の地域振興上または農業振興上の必要性が高いと認められる施設の用に供するために転用（取得）する場合	
			①採草放牧地の転用 ②耕作の事業を行う者（農家）がその農地（2a未満のものに限る）をその者の農作物の育成もしくは養畜の事業のための農業用施設に供する場合	採草放牧地を農地にする場合（ただし、3条で規制される）
市街化区域の特則		なし（許可必要）	あらかじめ農業委員会へ届出を行えば許可不要	
許可・届出がない場合		効力を生じない	―	効力を生じない
		―	工事停止命令、原状回復命令等ができる	
罰則		3年以下の懲役または300万円以下の罰金		

採草放牧地とは、牧場のことをいいます

ワンポイント

市街化区域で農地をつぶすのに知事の許可は不要

市街化区域は農地をつぶして宅地化するほうが好ましいので許可ではなく、4条・5条許可は「あらかじめ農業委員会へ届出」となっています。

宅地造成及び特定盛土等規制法とは？

開発許可を得ている場合、宅地造成工事の
許可を受けたものとみなされます

宅地造成及び特定盛土等規制法とは、がけ崩れなどの災害の危険がある場所での宅地造成、特定盛土等および土石の堆積を規制する法律です。都道府県知事によって、災害のおそれがある場所が宅地造成等工事規制区域に指定されると、そこで工事等を行う場合には許可もしくは届出が必要になります。

まず許可に関しては、工事主が工事着手前に都道府県知事の許可を得ることが必要です。**宅地造成にあたるかどうかは、右ページ上の表に示したように「できあがるものが宅地であるか否か」と「規模」を基準に判断**されます。規模に関しては「①切土の高さが2mを超える」「②盛土の高さが1mを超える」「③切土と盛土を合わせた全体の高さが2mを超える」のいずれかに該当してがけが生じれば宅地造成にあたります。また、②③に該当しなくても、「④盛土の高さが2mを超える」とき、①～④に該当しなくても「⑤造成する宅地の面積が500㎡を超える」ときは許可が必要です。

ただし、都市計画法の開発許可がある場合は、特例として宅地造成工事に関する許可を受けたものとみなされます。開発許可によって工事の安全性が確認されているからです。

宅地以外の土地を宅地に転用した場合は届出が必要

一方、都道府県知事への届出が必要となる場合は、右ページ下の表の❶～❸の場合です。❶に関しては、すでに着工しているのに許可を必要とするのは酷であるため、**指定があった日から21日以内**に届出をすればよいとされています。❷の工事は、**関連工事**と簡略化して覚えてください。関連工事を行う場合には、**着手する日の14日前まで**に届出が必要になります。❸に関しては、工事が行われなかったとしても、転用した場合には、転用した日から14日以内に届出を行うことが義務づけられています。

◎ 許可制のポイント

意義	宅地造成等工事規制区域内で宅地造成に関する工事を行う場合、工事主は、原則として、工事着手前に都道府県知事の許可を受けなければならない
宅地造成の意味	宅地以外の土地を宅地にするために行う土地の形質の変更で一定規模を超えるもの（宅地を宅地以外の土地にするために行うものは除く）
宅地造成の規模	① 切土で切土部分に高さ2mを超えるがけを生じるもの ② 盛土で盛土部分に高さ1mを超えるがけを生じるもの ③ 切土と盛土を同時に行う場合で、全体として高さ2mを超えるがけを生じるもの ④ がけを生じなくても、盛土が高さ2mを超えるもの ⑤ ①～④以外で、切土または盛土の面積が500㎡を超えるもの
許可を受けたものとみなされる特例	都市計画法の開発許可を受けた宅地造成工事
許可後の変更	許可を受けた工事の計画に一定の軽微な変更（工事施行者の変更、工事の着手予定年月日または工事の完了予定年月日の変更等）をした場合は、遅滞なく、その旨を都道府県知事に届け出なければならない

工事主とは、造成工事の
お金を出す人のことです

◎ 都道府県知事への届出が必要な場合とその時期

❶宅地造成等工事規制区域の指定の際、すでに工事が行われている場合
　➡ 指定があった日から21日以内

❷高さが2mを超える擁壁、排水施設等の全部または一部の除却工事を行おうとする場合
　（宅地造成に関する工事に該当して都道府県知事の許可を受けなければならない場合を除く）
　➡ 工事に着手する日の14日前まで

❸宅地以外の土地を宅地に転用する場合
　（宅地造成に関する工事に該当して都道府県知事の許可を受けなければならない場合を除く）
　➡ 転用した日から14日以内

📖✒ ワンポイント

造成宅地防災区域の指定

宅地造成等工事規制区域外でも、宅地造成がされた場所で地震などの災害により被害が発生するおそれが大きい区域は、「造成宅地防災区域」として指定できます。

22 マンションの権利関係を定める建物区分所有法

建替えの決議には
5分の4以上の賛成が必要です

　物件がマンションの場合には、マンションを巡る権利関係について定めた**建物区分所有法**による制限も受けます。まず、建物区分所有法ではマンションの各部屋を**専有部分**、住民全員で利用する階段等を**共用部分**、マンションの敷地を利用する権利を**敷地利用権**といいます。マンションのオーナーは専有部分の広さの割合に応じて敷地利用権の持分を有しています。そして、その持分に応じた形で議決権も有しています。**議決権とは、マンションの運営に関するルールを決める決議に参加して投票等ができる権利**です。

　決議に関する要件は、右ページの表に示したように、決議の中身によって異なります。基本的には**区分所有者および議決権の各過半数の賛成**が必要ですが、たとえば、小規模滅失の復旧の場合、つまり、少し壊れたところを直そうという場合には単独でも決められます。また、マンション住民の集会を招集する場合には区分所有者の5分の1以上で議決権の5分の1の賛成が必要です。ただし、この集会の招集の必要数は規約で減ずることができます。「減ずる」とは、集会をより開きやすくするために、たとえば10分の1以上の賛成でも招集を可能にすることです。また、**建替えは費用も労力もかかり住民の権利に重大な影響を与えるので、区分所有者および議決権の各決議要件が5分の4以上**と非常に厳しくなっています。

借主も決議で決まったルールを守らなければならない

　集会の**決議の効力は、相続人等の包括承継人や、買主等の特定承継人、占有者（借主など）にも及びます。**したがって借主も、決議で決まったルールを守らなければなりません。また、利害関係を有する占有者は、集会に出席して意見を述べることはできますが、議決権をもたないので、決議に参加することはできません。

◎ マンションは**専有部分**と**共用部分**からなる

専有部分
（各部屋。原則として専有部分の広さに応じて議決権の数は決まる）

共用部分（玄関、階段等）

敷地利用権

◎ マンション**管理**に**関する要件**

単独	保存行為（修理・修繕等）	規約で別段の定めができる
	行為の停止等の要求（訴訟外）	規約で別段の定めができない
	小規模滅失の復旧	・ 復旧・建替えの決議があったときを除く ・ 規約で別段の定めができる
5分の1以上	集会の招集	規約で減じることができる
過半数	管理行為	規約で別段の定めができる
	軽微変更	
	行為の停止等の請求訴訟	
	小規模滅失の復旧の決議	
4分の3以上 （特別決議） **試験の頻出 ポイントです！**	共用部分の重大変更	区分所有者の定数のみ、規約で過半数まで減じることができる
	管理組合法人の設立・解散	規約で別段の定めができない
	規約の設定・変更・廃止	
	専有部分の使用禁止請求訴訟	
	専有部分および敷地利用権の競売請求訴訟	
	占有者に対する契約解除・引渡請求訴訟	
	大規模滅失の復旧の決議	
5分の4以上	建替え	

◎ **承継人・占有者の取扱い**

決議と規約の効力
包括承継人（区分所有者の相続人など）、特定承継人（売買や贈与などにより区分所有者となった者など）、占有者（賃借人など）に対しても及ぶ

集会への参加
利害関係を有する占有者は、集会に出席して会議の目的である事項について意見を述べることができる。しかし、決議に参加することはできない

承継すると権利も義務も引き継ぐのが原則です

建物区分所有法で問われる
規約と集会の招集

最初に専有部分全部をもつデベロッパー等は
単独で規約を決められます

　建物区分所有法に関しては規約と集会の招集に関する知識も宅建士試験でよく出題されます。まず、規約に関しては、最初に建物の専有部分の全部を所有する者、つまりマンションを建てたデベロッパーなどが公正証書で単独で規約を作ることができます。

　この単独で決められる規約の中身は、右ページの表のとおりです。①の規約共用部分とは、**本来は専有部分の場所を、規約によって管理人室やパーティルームなどの共用部分に変更したもの**です。パーティルームを使わない人は全く使わないにもかかわらず、管理費だけは徴収されます。そのため、集会で規約共用部分としてパーティルームを設置する提案が行われても、管理費の負担を嫌う住民から反対を受けることが少なくないのが実情です。

　また、②の規約敷地とは**規約によって敷地とされた土地**です（一方、マンション本来の敷地を「法定敷地」といいます）。規約敷地の例としては、離れた場所にあるマンション専用の駐車場やテニスコートなどをあげることができます。

専有部分と敷地利用権を別々に処分できるルールも

　③に関しては、**専有部分と敷地利用権の分離処分は原則的に不可**となっています。つまり、建物の所有権と土地の利用権は同一の人がもち続けなければなりません。ただし、規約で分離処分できるようにすることは可能です。

　また、前述のように④の敷地利用権の割合は、基本的には部屋の大きさの割合に応じて決まります。しかし、規約によってその割合を変えることができます。

◎ 規約のポイント

公正証書に よる規約の 設定	最初に建物の専有部分の全部を所有する者（マンション分譲業者など）は、公正証書により、あらかじめ、次の①〜④について規約を設定することができる	

①規約共用部分に関する定め

パーティールームになった専有部分など

②規約敷地に関する定め

マンションの駐車場、テニスコートなど

③専有部分と敷地利用権の分離処分を可能とする定め

④敷地利用権の割合の定め

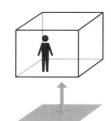

敷地利用権

規約で分離できる

敷地利用権

規約で割合を変えられる

規約の保管	管理者あり	管理者が保管
	管理者なし	規約または集会の決議の定めにより、次の者が保管する • 建物を使用している区分所有者 • その代理人
利害関係人の閲覧請求		正当な理由がある場合を除いて規約の閲覧を拒めない
保管場所		建物内の見やすい場所に掲示しなければならない

公正証書は公証役場で公証人に作ってもらう文書です

土地区画整理法で
きれいな街並みを実現

土地区画整理事業が終われば
整理前と似た条件の土地が交付されます

　土地区画整理法とは、"汚い街並み"を"きれいな街並み"にするために土地の区画を整理する法律です。右ページ図❶の、道が曲がりくねった街を一番下の図❸のような、道路がまっすぐで公園もある、整った街に変えるわけです。これを土地区画整理事業といいます。

　区画整理をどのように行うのかというと、❷の図を見てください。A、B、C、Dそれぞれの土地に斜線が入っている部分があります。❸では、その斜線部分がなくなっています。つまり、それぞれの斜線部分を削って道路を広げたり、公園などを造った結果、❸のような街に生まれ変わったわけです。このように土地を削ることを減歩といいます。減歩によって、A、B、C、Dそれぞれの土地の面積は結果的に減っていますが、道路が整備され、公園も造られると、一般的に、区画整理前よりも土地の坪単価は上がります。したがって、面積は減っても、土地の資産価値が下がることは避けられます。

土地区画整理事業が終わったら換地処分が行われる

　土地区画整理事業ではまず施行者を決定します。施行者は工事の音頭を取る人であり、国土交通大臣、都道府県知事、土地区画整理組合などがなります。そして事業計画が決定され、**認可の公告**が行われます。認可の公告は工事が始まるという合図です。公告後は、**建築行為の制限が課されます**。具体的には、A、B、C、Dに家を建てるような場合には許可を得なければなりません。国土交通大臣が施行者の場合は大臣の許可が、それ以外の場合は都道府県知事（市の区域内で施行される場合は市長）の許可が必要です。

　また、土地区画整理事業が終わったら換地処分が行われます。換地とは、以前の"汚い土地"を"きれいな新しい土地"に交換することであり、以前と似た条件の土地が交付されるルール（**換地照応の原則**）になっています。

◎ 減歩による土地区画の整理

❶
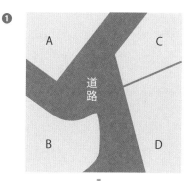

道路が曲がって
ごちゃごちゃした
印象ですね

❷
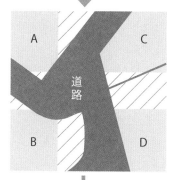

斜線部分を削って
道を広げたり公園を
造ったりすると……

❸
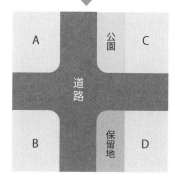

土地の面積は減っても
坪単価は上がります

汚い空気をきれいにするのが換気、
汚い土地をきれいな土地に交換するのは換地

25 法令上の制限調査㉑

仮換地の指定と換地処分の効果とは？

重要度 ★★☆

仮換地の利用者は所有者ではないため、土地の処分はできません

土地区画整理法では仮換地の指定も重要な出題ポイントになります。

区画整理を右ページ上の図のAの住む甲地から始める場合、工事のためにAが住めなくなることがあります。その場合に、Bが「よかったら私の土地を使ってください」などと土地の一部を提供することがあります。右の図でいえば乙地になります。このように仮に使ってもらう土地を提供することを仮換地といいます。

右の例で、Aの土地（甲地）を使っているのは**施行者**です。この甲地を、Aは工事の間は使えませんが、所有者なので売却は可能です。一方、工事の間、Aは仮換地に指定された乙地を使うことができます。

では、Aはこの乙地を売れるのかといえば、それはできません。Aは使う権利があるだけで、乙地の所有者ではないからです（乙地の所有者のBは乙地を売ることが可能です）。逆に施行者は、工事中に甲地の建物の移転や除去を行うことができます。

仮換地が指定されても、所有者が変わらない点に注意です。

「終了時」の効果はすべて消えるもの。「翌日」の効果はすべて発生するもの

土地区画整理法に関しては、換地処分の効果も試験でよく出ます。まず、右ページ下の表の**「換地処分にかかる公告の日の終了時」**とは土地区画整理事業が終わった日の夜中の午前０時です。効果に関しては、すべて「消滅」となっている点に注意してください。つまり、**消えるべきものはすべて公告の日の終了時に消える**わけです。次に「換地処分にかかる公告の日の翌日」とは、「換地処分にかかる公告の日の終了時」と全く同じタイミングです。午前０時に終了した瞬間、公告日の翌日になり、そして何らかの効果が生ま

◎ 仮換地の指定

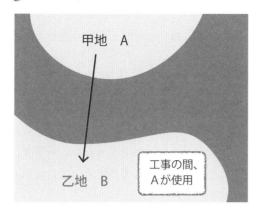

甲地　A

乙地　B

工事の間、
Aが使用

仮換地の指定は
試験によく出る
ポイントです

◎ 換地処分の効果

午前0時

換地処分にかかる公告の日の終了時 （消えるもの）	換地処分にかかる公告の日の翌日 （発生するもの）
①仮換地の指定の効力の消滅 ②建築行為等の制限の消滅 ③換地を定めなかった従前の宅地に存する権利の消滅 ④事業の施行により行使の利益のなくなった地役権の消滅	①換地計画で定められた換地が従前の宅地とみなされること ②換地計画で定められた清算金の確定 ③施行者が保留地を取得 ④土地区画整理事業の施行により設置された公共施設が、原則としてその所在する市町村の管理に属すること

ワンポイント

地役権とは？

地役権とは、ある土地（A地）の利用のために他人の土地（B地）を利用する権利のことです。A地を要役地、B地を承役地といいます。

れます。「終了時」の効果はすべて消えるもの、「翌日」の効果はすべて発生するもの、とおさえておくと、両者の中身の違いを理解しやすいでしょう。

保留地は売却して代金を事業資金の一部にあてる

では「換地処分にかかる公告の日の翌日」の効果の中身を具体的に見ておきましょう。まず、「換地が従前の宅地とみなされる」とは、換地によって割り当てられた新しい土地の所有者になるということです。また、**清算金**は、換地の割当てがない人や少ない人に対して支払われるお金です。この**清算金が確定するのは公告日の翌日**になります。

それから、**保留地**という言葉が出てきます（95ページの図**❸**に示されているように、減歩された土地が保留地にあてられます）。保留地は、一般に事業資金を捻出するために利用されます。つまり、保留地を売却して得た代金を事業資金にあてるわけです。

この保留地は**必ず施行者が取得**します。たとえば話合いによって、宅建業者が保留地を取得するように取り決めることなどはできないので注意してください。

公共施設は原則として所在地の市町村の管理に属する

また、換地処分における翌日の効果の公共施設とは、工事が終わってでき上がった道路や公園などのことです。これらの**公共施設は原則としてその所在地の市町村の管理に属します**。

ただし、例外が2点あります。まず1点目は、法律で別段の定めがあったときです。法律でたとえば、道路の管理は道路管理者が行うなどと定められていればそちらが優先します。

また、2点目として、定款規約で「公共施設は○○に管理してもらう」などと定められていたら、規約で定められた者が管理することになります。定款規約とは、土地区画整理事業の話合いで決めたルールです。

このように、公共施設に関しては、原則として市町村が管理すること、例外が2つあることをおさえておきましょう。

第 3 章

媒介契約を締結する

依頼を受ける際の契約を媒介契約（代理契約）といいます。その際に取り決めるべき点や書面等の交付義務があることを知っておきましょう。

3種類の媒介と
媒介契約書の作成

媒介には「一般媒介」「専任媒介」
「専属専任媒介」の3つがあります

　ここからは、実際に宅建業者が行う仕事を見ていきましょう。まず、宅建業者は、依頼人から「媒介」または「代理」の依頼を受けて不動産の取引を行います。「代理」については第7章で詳しく取り上げるので、ここでは「媒介」を中心に解説しますが、以下の説明は基本的に代理にもあてはまると考えても問題ありません。

　媒介には①**一般媒介**、②**専任媒介**、③**専属専任媒介**の3種類があります。①一般媒介は、甲不動産会社だけでなく、乙不動産会社、丙不動産会社にも買主を探してもらうなどというようにほかの宅建業者にも媒介を依頼できます。また、①一般媒介には、ほかにどの業者に依頼しているかを**報告する義務がある明示型**と**報告義務がない非明示型**の2種類があります。

　一方、②専任媒介、③専属専任媒介はいずれも、ほかの宅建業者に依頼できません。両者の違いは**自己発見取引**ができるか否かです。自己発見取引とは、たとえば売主であれば独力で買主を見つけるなど依頼人自らが取引相手を探し出すことです。②専任媒介の場合には自己発見取引が可能です。

媒介の依頼を受けたら、媒介契約書を遅滞なく作成する

　媒介の依頼を受けたら、媒介契約書を遅滞なく作成しなければなりません。右ページの表に記載事項をまとめておきました。どの事項ももらさず媒介契約書に記載しなければなりません。このうち「**⑨標準媒介契約約款に基づくか否かの別**」の知識は、試験で問われます。国土交通省が消費者保護の観点から作成した標準媒介契約約款に従っていれば、契約書の信頼性がある程度保証されるのでその記載が重視されています。また、「**②（売買すべき）価額またはその評価額**」に関しては、意見を述べるときに、その根拠を明らかにしなければならないというルールがあります。

◎ 媒介の種類

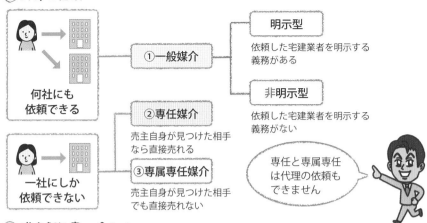

何社にも
依頼できる

① 一般媒介

明示型

依頼した宅建業者を明示する
義務がある

非明示型

依頼した宅建業者を明示する
義務がない

一社にしか
依頼できない

② 専任媒介

売主自身が見つけた相手
なら直接売れる

③ 専属専任媒介

売主自身が見つけた相手
でも直接売れない

専任と専属専任
は代理の依頼も
できません

◎ 媒介契約書のポイント

作成義務者	宅建業者
交付すべき相手	売買・交換の媒介の依頼者（貸借は不要）
交付すべき時期	売買・交換の媒介契約締結後遅滞なく
方法	宅建業者の記名押印（宅建士が行う必要はない）
交付場所	規制なし
記載事項 （すべて必要的 記載事項）	①所在・地番等の物件を特定するために必要な事項 ②価額またはその評価額　③媒介契約の種類 ④有効期間　　　　　　　⑤解除に関する事項 ⑥指定流通機構への登録に関する事項 ⑦報酬に関する事項 ⑧依頼者が媒介契約に違反した場合の措置 ⑨標準媒介契約約款に基づくか否かの別 ⑩既存物件の場合、既存建物の建物状況調査を実施する者の 　あっせんに関する事項

※依頼者の承諾があれば、書面（媒介契約書）に記載すべき事項を電磁的方法により提供することができる

 ワンポイント

売買価額や評価額の根拠提示は口頭でも可

実務では売買価額またはその評価額の根拠を示す場合、書面で行う
のが一般的ですが、宅建業法上は口頭でもよいことになっています。

一般媒介、専任媒介、専属専任媒介の違いとは？

依頼人との結びつきが強い専任媒介、
専属専任媒介には規制があります

　一般媒介と専任媒介、専属専任媒介それぞれの細かな違いも宅建士試験ではよく出題されます。右ページの表をもとにポイントを見ていきましょう。

　まず、契約の有効期間に関して、一般媒介は特に規制がありません。一方、専任媒介、専属専任媒介では３カ月以内となっています。依頼人との結びつきが強い専任媒介、専属専任媒介は、仕事をしっかりと行っているかどうかを一定期間ごとに見直そうという趣旨からです。契約を更新するためには依頼者の申出がその都度必要です。つまり、契約の自動更新はできません。

　また、**専任媒介、専属専任媒介では業務処理状況の報告が義務づけられています**。専任媒介は２週間に１回以上、専属専任媒介は１週間に１回以上です。報告は口頭でも可能なので、電話でも行えます。実務では文書かメールで行われることが多いですが、宅建士試験では、あくまでも**口頭でも可**という点に注意してください。

専任媒介、専属専任媒介では
指定流通機構への登録が義務づけられている

　専任媒介、専属専任媒介には**指定流通機構への登録義務**が課されています。指定流通機構は宅建業者が不動産情報の交換を行う情報システムであり、一般に「レインズ」といいます。登録期間は専任媒介の場合は７日以内、専属専任媒介の場合は５日以内です。これらの日数には宅建業者の休業日は含めません。登録事項は右ページの表のとおりですが、個人の住所、氏名は登録しない点に注意が必要です。また、専属専任媒介の場合はその旨を登録することも重要です。さらに、登録したときにはその証明書（登録済証）を遅滞なく依頼者に引き渡さなければならず、また、登録物件が成約したときには、物件の番号や成約金額等の情報をレインズに通知しなければなりません。

◎ 一般媒介、専任媒介、専属専任媒介の違い

	有効期間	業務処理状況の報告義務	指定流通機構（レインズ）への登録義務			
			登録期間	登録事項	登録済証の交付	成約の通知
一般媒介	規制なし					
専任媒介	・3カ月以内（更新後も同じ） 3カ月を超えて定めた場合には3カ月に短縮されます ・更新は依頼者の申出があった場合のみ認められる ・自動更新不可	・2週間に1回以上（宅建業者の休業日を含む） ・口頭でも可	契約締結日から7日以内（宅建業者の休業日を除く）	・宅地・建物の所在、規模、形質、売買すべき価額（交換の場合は評価額） ・宅地・建物に係る都市計画法その他の法令に基づく制限で主要なもの ・専属専任媒介契約である場合には、その旨	・媒介物件を指定流通機構に登録した場合には、指定流通機構が発行した登録済証を遅滞なく依頼者に引き渡さなければならない ・依頼者の承諾があれば、書面の引渡しに代えて、電磁的方法により提供することができる	登録した物件の売買・交換の契約が成立したときには、遅滞なくその旨を指定流通機構に通知しなければならない
専属専任媒介		・1週間に1回以上（宅建業者の休業日を含む） ・口頭でも可	契約締結日から5日以内（宅建業者の休業日を除く）			

レインズは物件の情報なので、個人の住所、氏名は登録事項になっていませんね

 ワンポイント

申込みがあった旨はすぐに報告！

媒介物件について売買または交換の申込みがあったときは、遅滞なくその旨を依頼者に報告しなければなりません。これは近年の改正点で、今後も出題される可能性が高いので要チェックです。

03

報酬額の制限❶

上限が定められている
仲介手数料

400万円超の売買では、速算法により
3%＋6万円となります

重要度 ★★★

　不動産売買等の媒介を依頼され成約にこぎつけたら、仲介手数料を報酬として受け取ることになりますが、いくらでも無制限にもらえるわけではなく上限が定められています。

　まず、報酬額は**速算法**という売買代金に対して一定の割合をかける計算方法によって求められます。この速算法は、右ページ上の図に示しているように、宅地建物の売買代金が①200万円以下の場合、②200万円を超えて400万円以下の場合、③400万円を超える場合の3段階で構成されています。実際に試験で出題される場合は、**3%プラス6万円の計算式**を使うことがほとんどでしょう。300万円の不動産の事例なども出題されたことがありますが、やはり1,000万円以上のものが中心になります。

　また、注意してほしいのは、この**売買代金は消費税額を引いた額**にする、つまり**税抜価格**にするということです。ちなみに**土地に関しては消費税はかかりません。**この点は覚えておく必要があります。

　以上から、たとえば400万円を超える不動産の売買を媒介した場合には、売買代金に3%をかけて6万円を足した額が報酬額の上限になります。さらに、消費税を含めた報酬額を求める必要がある場合には、この報酬額に消費税額を加算することになります。

必要経費は仲介手数料に含まれる

　仲介の際に通常必要となる広告料金や調査費用などの必要経費は仲介手数料に含まれます。ただし、たとえば依頼者からの依頼で電車の中吊り広告や新聞広告など特別な広告を出した場合や、宿泊が必要となるような遠隔地の調査などを行ったような場合には、それらにかかった費用を別途、実費の範囲内で請求することは可能です。

速算法のポイント

| ・売却代金 ・交換価額 （交換する物件の価額に差がある場合はいずれか高いほう） | × | 5％ （①代金額が200万円以下の場合）
4％＋2万円 （②代金額が200万円超400万円以下の場合）
3％＋6万円 （③代金額が400万円超の場合） |

$$=$$

報酬の限度額 - - - - 消費税を含めた報酬額を求める場合は、報酬額に消費税額を加算

消費税込みで記載されている場合は、税抜価格（税込価格－消費税額）を使用

土地は非課税の扱いです

 広告費等の必要経費

原則　広告費等の必要経費を報酬とは別に請求することは認められない

例外　特別の広告費や遠隔地での現地調査に要した費用等は、依頼者の依頼があれば、報酬とは別に実費の範囲内で受領することができる

ワンポイント

空き家等の報酬

売買では、低廉な空家等（物件価格が800万円以下の宅地建物）については、原則による上限を超えて当事者（売主買主）から33万円（消費税込）まで報酬を受領できます。貸借では長期の空家等の媒介の特例があり、長期間使用されておらず、又は将来にわたり使用の見込みがない宅地建物については、貸主である依頼者から、原則による上限を超えて、1カ月分の2.2倍が上限の報酬を受領できます。どちらも当該媒介に要する費用を勘案して受領でき、媒介契約にて依頼者との合意が必要です。

04 報酬額の制限❷
双方から依頼を受けた場合の報酬は？

重要度 ★★☆

双方の当事者から依頼を受けても
報酬は基準額の2倍を超えられません

　前項の報酬額は当事者の一方からもらえる金額であり、一般に「基準額」と呼びます。そして、代理の場合は、当事者の一方からしか依頼を受けていなくても基準額の2倍を受け取れます。第7章で解説しますが、代理は原則として双方代理（当事者双方の代理人となること）ができないため、総じて、当事者の片方からしか依頼を受けられないことや、媒介に比べてより労力が大きいことなどがその理由です。

　では、当事者双方から依頼を受けた場合の報酬はどのようになるのでしょうか。まず、媒介の場合はたとえば売主、買主双方から依頼を受ければ、双方から報酬を受け取ることができます。結果として基準額の2倍をもらえることになるわけです。一方、代理の場合はというと、今述べたように双方代理は原則としてできません。ただし、当事者双方の同意があれば双方代理は可能になります。すると、双方代理では基準額の4倍の報酬を受け取れるように思えるでしょう。しかし、それではもらいすぎるということで、当事者双方から受け取れる報酬の額、つまり「**一取引から受け取れる報酬の限度額**」は基準額の2倍までと上限が定められています。

業者が複数でも報酬総額は「一取引から受け取れる報酬の限度額」以内

　この「一取引から受け取れる報酬の限度額」に関するルールは、複数の宅建業者が関与する場合にも同様にあてはまります。たとえば、売主甲からAが売買の代理を頼まれており、一方、買主乙からBが媒介を頼まれていたという場合に、甲がAに基準額の2倍を払ったらBは乙から報酬をもらえません。宅建業者全員が受領する報酬総額は「一取引から受け取れる報酬の限度額」に収まっていなければならないからです。

◎ 代理の場合の報酬額

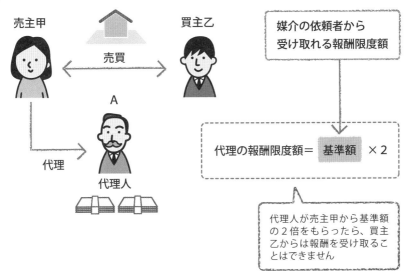

売主甲 — 売買 — 買主乙

A
代理人

代理

媒介の依頼者から
受け取れる報酬限度額

代理の報酬限度額＝ 基準額 × 2

代理人が売主甲から基準額
の2倍をもらったら、買主
乙からは報酬を受け取るこ
とはできません

◎ 複数の宅建業者が関与する場合の報酬額

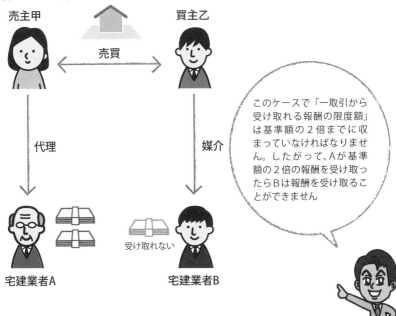

売主甲 — 売買 — 買主乙

代理

媒介

宅建業者A

受け取れない

宅建業者B

このケースで「一取引から
受け取れる報酬の限度額」
は基準額の2倍までに収
まっていなければなりませ
ん。したがって、Aが基準
額の2倍の報酬を受け取っ
たらBは報酬を受け取るこ
とができません

賃貸借の媒介のルールは2つある

居住用と居住用以外のルールがありますが、いずれも総報酬は賃料の1カ月分以内です

　報酬額の制限には賃貸借に関して特別なルールがあり、これについては居住用建物の場合と居住用建物以外の場合とに分けて考える必要があります。居住用建物以外とは**店舗、事務所、宅地**などです。

　まず、いずれの場合も依頼者の双方から合わせて**賃料の1カ月分以内**の額しか報酬を受け取ることはできません。そのため、たとえば貸主から賃料の1カ月分、さらに借主からも1カ月分もらうのは宅建業法違反になります。

　そして、居住用建物の媒介の場合は、その1カ月分の報酬のもらい方について決まりごとがあります。基本的に、貸主、借主の一方から賃料の2分の1カ月分以内の額しかもらえません。たとえば、1カ月の家賃が6万円であれば、貸主からは3万円まで、借主からも3万円までしか受け取れません。ただし、依頼を受けるにあたり依頼者の承諾がある場合には、どちらか一方から1カ月分をもらうことも可能になります（現実には、広告料、企画料等の名目でこれ以外にも、もらっていることが多いです）。

権利金の額は売買代金とみなして計算する

　居住用建物以外の賃貸借では、報酬額の計算に**権利金**を考慮します。権利金とは物件を借りる権利を買うために貸主に支払う金銭で、建物の所有目的で借りるときは売買代金並みの高額になることも珍しくありません。

　この**権利金の授受がある場合には、①権利金の額を売買代金とみなして計算した額と、②賃料の1カ月分とを比較して高いほうが報酬限度額**となります。宅建業法のルールは宅建業者にとって不利益なものが少なくありませんが、この権利金を売買代金とみなして報酬を計算する規定に関してはむしろ業者にとって有利といえます。なお、居住用の建物でも、礼金が授受されることがありますが、報酬額を計算する際に考慮する必要はありません。

◎ **賃貸借の媒介の報酬のポイント**

居住用建物	媒介	依頼者の双方から合わせて賃料の1カ月分以内 （依頼を受けるにあたり依頼者の承諾があるとき を除き、依頼者の一方から2分の1カ月分以内）
居住用建物以外 （店舗、事務所、 宅地等）	媒介・代理	依頼者の双方から合わせて賃料の1カ月分以内 （依頼者の一方からも1カ月分以内） または、権利金で計算した額

◎ **権利金等がある場合の報酬の決まり方**

①権利金等の額を売買代金とみなし
　計算して、貸主、借主それぞれ
　からもらえる合計額

②1カ月分の賃料

比較

①と②を比較して高いほうが報酬限度額となる

権利金等とは、権利設定の
対価として支払われ、返還
されないものをいいます

 ワンポイント

礼金の性質とは？

礼金は、賃貸借契約の際に、借主から貸主に対して支払われること
がある敷金以外の一時金で、額は賃料の1～2カ月分が一般的です。
敷金と違い、返金されることはありません。

コラム 解答のスピードアップが合格のカギを握る

　問題を解くのが遅く、模試では解き終わるのがいつもギリギリで見直す時間が取れないと悩んでいる人が多くいるようです。では、どうすれば解答をスピードアップできるのでしょうか。

　まず、問題を解く際には、**解答の選択肢（アシ）から読むことで問題文のポイントを迅速につかむことができます**。アシで聞かれていることがわかったら、**問題文はゆっくり読んでください**。スピードアップとは、急ぐという意味ではありません。急いで読むと、意味を十分に読み取れず、同じところを何度も読み直す羽目になります。それから、**選ぶべきアシが正しいものなのか、誤っているものなのか、問題文の語尾を必ずチェックしてください**。「正しいアシを選ぶ問題なのに、誤っているアシを選んでしまった」などというつまらないケアレスミスをしないために、**正しいものを選択するのであれば問題文の横に〇を、誤っているものなら×を書く**などして、問われていることを間違えないようにします。こうした工夫をすることで、問題を解くテンポもよくなり、結果的にスピードアップにつながるはずです。

　また、**わからないところは飛ばす**という意識をもってください。わかるまで考えていると時間はどんどん過ぎていきます。「このアシは合っているのだろうか、間違っているのだろうか」と悩んで飛ばしたら、その次のアシが正解であることがすぐにわかるということもあり得ます。

　それから、**権利関係の事例問題でわからないときは図を描いてください**。図を描くと見えないものが見えてくる。「あ、これはあのテーマだ」と即座にポイントをつかめることがあります。

　最後に、**時間配分は非常に大事**になります。時間が足りなくて受からなかったというのは、結局、実力が足りなかったということです。本番では時計をしっかりと見て、時間を気にすることを心がけましょう。

第 **4** 章

営業活動

営業活動に関しては、消費者保護を図るため、宅建業法によって様々な規制が課されています。お客様の視点に立って考えると整理できます。

01 取引態様の明示と誇大広告等の禁止とは？

仲介手数料の判断材料提供や大げさな広告の
禁止が求められています

　宅建業者の営業活動には様々な規制が課されています。まず、広告を出すときには**取引態様**を示さなければなりません。具体的には、自ら売買するのか、売買や賃貸借の代理・媒介なのかを明らかにしなければなりません。

　たとえば、一般媒介や専任媒介などの媒介であれば、依頼した業者を通じて成約すれば依頼者は仲介手数料を支払わなければなりません。

　一方、業者自らが売主の場合には、買主は売主から直接購入することになるわけですから、成約しても仲介手数料は不要になります。このように取引態様によって仲介手数料が必要か否かが変わってくるため、明示が求められているのです。

　なお、**注文を受けたときも遅滞なく取引態様を示さなければなりません。**

おとり広告も誇大広告に該当する

　広告に関しては**誇大広告等の禁止**も定められています。誇大広告等とは、著しく事実に相違する表示、実際のものより著しく優良か有利であると誤認させるような表示をすることです。たとえば大規模リフォームをして新しくなった物件を、新築物件と表示すれば誇大広告になります。また、不動産広告で駅などからの所要時間を表示する際には、「道路距離80mを徒歩1分に換算するルール」があります。それを守らずに、本来は徒歩7分とすべきところを4分と表示したような場合にも誇大広告の禁止に該当します。

　さらに、実際には存在しない物件や、販売・賃貸するつもりのない物件を掲載するおとり広告も誇大広告にあたります。

　その他広告の禁止の詳細については右ページ下の表にまとめました。特に、たとえ**被害が出なくても誇大広告を出した時点で宅建業法違反になり、罰則もある**という点には注意してください。

広告の例

物件案内図面

中古戸建住宅	交通	JR中央線 **中野** 駅 徒歩7分
価格◆ **5,300万円** ◆	所在地	東京都中野区中野4丁目

●物件概要●
■土　地／中野区中野4丁目
　　　　　敷地面積84.37㎡
　　　　　（25.52坪）公簿
■建　物／延床面積86.67㎡
　　　　　（26.21坪）
　　　　　木造スレート葺3階建

■設　備／公営水道・本下水・都市ガス
　　　　　東京電力
■制　限／第1種住宅地域
　　　　　第2種高度地区・準防火地域
　　　　　建ぺい率／60％
　　　　　容積率／200％
　　　　　★平成10年5月築

物件

N

玄関

洋間 5.25帖

LDK 12.5帖

洋間 5帖

洋間 6帖

1階平面図　　2階平面図　　3階平面図

カースペース有

図面と現況が異なる場合は現況を優先とします。

中央不動産株式会社

東京都中野区中野○丁目○番○号
TEL00-0000-0000　FAX00-0000-0000

東京都知事　（○）第○○○号
■取引態様■専属専任媒介
■手数料■　分かれ

誇大広告等の禁止

禁止行為		①著しく事実に相違する表示、または②実際のものよりも著しく優良か有利であると誤認させるような表示
対象	物件	①所在、②規模、③形質
	環境	現在・将来の①環境、②利用の制限、③交通その他の利便
	金銭	①代金・賃借等の対価の額、②支払方法
罰則		6カ月以下の懲役もしくは100万円以下の罰金、または併科
おとり広告		①実際に存在しない物件、②存在するが取引の対象となり得ない物件、③存在するが取引する意思のない物件を広告することは、著しく事実に相違する表示として、誇大広告等の禁止に該当する

広告違反で罰則があるのは誇大広告だけです

誇大広告等は被害が出なくても違反

誇大広告等を行えば、現実に購入者等が誤認するなどの被害が生じなくても宅建業法違反になります。

広告の開始時期や契約締結時期に制限は？

工事完了前の広告は、行政による開発許可や
建築確認が必要となります

　宅建業者の広告に関しては開始時期も制限されています。

　たとえば、新築マンションを販売する場合、工事中であっても、まだ物件が完成していないとしても、広告を出すことは可能です。完成物件でなければ広告できないとなると、販売活動が大きく制約されるからです。

　ただし、工事完了前に広告を行うためには、行政の許可や確認が必要になります。許可の代表例としては開発許可が、確認の代表例としては建築確認があげられます。売買、交換、貸借すべての取引態様において、上記のような役所の許可・確認が出るまでは広告が禁じられています。

貸借は契約締結時期を制限されない

　取引態様が売買と交換の場合には、契約締結の時期に関しても広告と同様の制限が課されています。すなわち、工事の完了前は、工事に関する**許可・確認が出た後でなければ、契約を締結することはできません**。

　一方、貸借については、**建築確認や開発許可がおりる前でも契約を結ぶことが可能**です。

　先に述べたように、売買、交換と同様に、貸借も広告開始時期を制限されています。にもかかわらず、契約開始時期が制限されていないのは、広告が不特定多数の目に触れやすいからです。つまり、影響力の大きさに鑑みて、広告は規制が厳しくなっています。

　また、広告が規制されている状態で賃貸借契約が結ばれる場合、借主の候補は貸主の友人・知人やクチコミで見つけた客など少数の人に限られることになるので、トラブルが起こるおそれは小さいといえます。そこで、売買、交換と異なり、貸借については契約締結時期の制限が課されない取扱いとなっているのです。

◎ 広告開始時期と契約締結時期の制限

広告開始時期の制限	宅建業者は、宅地の造成・建物の建築に関する工事の完了前においては、その工事に必要な許可・確認等を受けた後でなければ、すべての取引態様における広告をすることができない
契約締結時期の制限	宅建業者は、宅地の造成・建物の建築に関する工事の完了前においては、その工事に必要な許可・確認等を受けた後でなければ、売買または交換契約（予約を含む）をすることができない

インターネット上の広告も紙媒体の広告と同様の規制を受けます

◎ 許可・確認等がおりる前の広告・契約の可否

	売買	交換	貸借
広告	×	×	×
契約	×	×	○

○可能　×不可

貸借の契約のみ可能です

📖 ワンポイント

広告関係の規制に違反して罰則が科される場合は？

取引態様の明示義務や広告開始時期の制限に違反しても、監督処分（164 ページ参照）はあり得ますが、罰則は科されません。広告関係の規制に違反して罰則が科されるのは、前項の誇大広告等の禁止に違反した場合のみです。

供託所等に関する説明や宅建士の守秘義務は？

重要事項の説明とは違い、供託所等に関する
説明をするのは宅建士でなくても構いません

これまで見てきたような広告や契約締結時期等のほかにも、おさえておくべき業務上の規制がいくつかあります。

まずは、「供託所等に関する説明」があげられます。第1章で触れたように、宅建業者との取引によって損害を受けた者は**営業保証金、弁済業務保証金**から**還付**を受けられます。「供託所等に関する説明」は、還付を受けるために必要な情報を伝えることを宅建業者に義務づけたものです。

説明の相手方は、売主、買主、貸主、借主、交換の両当事者といった契約の**両当事者**になります。ただし、当事者が**宅建業者の場合には説明は不要**です。宅建業者は、そもそも営業保証金等から還付を受けられないからです。

また、後述する重要事項の説明とは異なり、説明を行うのは宅建士でなくても構いません。説明の方法も、重要事項の説明とは異なり、口頭だけでよいとされています。

説明事項の詳細は右ページ上の表のとおりです。特に重要なポイントは**供託額の説明が不要**という点です。還付がいつ行われるかわからず、供託額は常に変動する可能性があるためです。

正当な理由があれば守秘義務はなくなる

宅建業者には、守秘義務も課されます。具体的には、宅建業者やその従業者は、正当な理由なくして業務上知り得た秘密をもらしてはならないことになっています。ここで、「**正当な理由なくして**」という点に注意してください。本人の承諾があった場合や裁判で証言台に立った場合のように公的な必要性があるときは、正当な理由があるため守秘義務はなくなります。

なお、守秘義務は宅建業者が宅建業をやめた後や、従業者が退職した後も守らなければなりません。

◎ 供託所等に関する説明のポイント

説明する時期	契約が成立するまでの間
説明義務者	宅建業者
説明担当者	規制なし（宅建士でなくてもよい）
説明の相手方	取引の両当事者（売主、買主、貸主、借主、交換の両当事者）
説明事項	**宅建業者が保証協会に加入していない場合** 　営業保証金を供託した供託所とその所在地 **宅建業者が保証協会に加入している場合** 　保証協会の社員である旨、保証協会の名称・住所、 　事務所の所在地、保証協会が弁済業務保証金を供託 　している供託所とその所在地
説明方法	規制は特になく、口頭でもよい

> 相手が宅建業者の場合は説明不要です

> 供託所の説明は両当事者に説明する必要があるため、法律上、重要事項説明の内容になっていないのです

◎ 守秘義務とは？

守秘義務　宅建業者やその従業者は、正当な理由なくして、業務上知り得た秘密をほかにもらしてはならない。宅建業者が宅建業をやめた後や、従業者が退職した後も同様

正当な理由　本人の承諾があった場合、裁判で証人となった場合など

> 守らなかった場合は、業務停止処分や罰則があります

📖✎ **ワンポイント**

裁判で証人となった場合の守秘義務は？

裁判で証人となった場合とは、具体的には刑事裁判と民事裁判で証言をする場合です。これらの裁判に証人として呼ばれた者には、証言をする義務が課されており、正当事由にあたるので守秘義務はなくなります。

04 業務上の禁止行為には どのようなものがあるか？

不当な履行遅延、重要事項の不告知など、常識で考えれば理解できるものばかりです

ほかにも、右ページの表にまとめたような業務上の規制があります。それぞれのポイントについて触れておきましょう。

まず、①不当な履行遅延の禁止に関しては、**不動産の登記・引渡し、代金の支払だけが禁止の対象**になります。

また、②重要な事項の不告知・不実告知も禁じられています。不動産取引では、嘘を言うことはもちろん、**重要な事実を言わないことも**禁止されているのです。重要な事実としては、いわゆる事故物件（過去に人が自殺をしたり殺害されたりした物件）であることなどがあげられます。

次に、③不当に高額な報酬要求の禁止です。計算間違いなどのうっかりミスで、10円や100円、1,000円単位の金額の範囲内で報酬を多少多く請求しても宅建業法違反にはなりませんが、適正額の2倍、3倍というような**不当に高額な報酬は要求しただけで違反になります。**

さらに、④将来の利益に関する**断定的判断の提供**も禁止されています。断定的判断の提供とは、たとえば「この土地は今買っておけば将来絶対に値上がりします」などと伝えることです。

業務上の規制の多くは常識で考えれば理解できる

⑤威迫行為等の禁止は、要するに、無理やり脅かして契約を結ばせたり、あるいは解除を妨げるようなことをしてはならないということです。

また、⑥預り金返還拒否の禁止は、後述する手付金をキャンセル料としてもらうことは構わないが、それ以外のお金はきちんと返さなければならないという義務を定めたものです。

このように業務上の規制の多くは、基本的に常識で考えれば理解できるものばかりといえます。

◎ 主な業務に関する禁止事項のポイント

> 宅建業法上はこの3つのみです

① 不当な履行遅延の禁止	宅建業者は、その業務に関して行うべき宅地・建物の登記・引渡し、対価の支払を不当に遅延する行為をしてはならない
② 重要な事項の不告知・不実告知の禁止	宅建業者は、契約締結の勧誘をする際に、または契約の申込みの撤回、解除もしくは宅建業に関する取引により生じた債権の行使を妨げるため、一定の事項について、故意に事実を告げず、または、不実のことを告げてはならない
③ 不当に高額な報酬要求の禁止	宅建業者は、不当に高額な報酬を要求してはならない。実際に受け取っていなくても、要求しただけで宅建業法違反になる
④ 将来の利益に関する断定的判断の提供の禁止	宅建業者やその従業者は、契約締結の勧誘をする際に、相手方等に対し利益を生ずることが確実であると誤解させる断定的判断を提供してはならない
⑤ 威迫行為等の禁止	宅建業者は、契約を締結させ、または契約の申込みの撤回もしくは解除を妨げるため、相手方を威迫してはならない
⑥ 預り金返還拒否の禁止	宅建業者は、相手方等が契約の申込みの撤回を行う際に、すでに受領した預り金を返還することを拒んではならない
⑦ 手付の信用の供与の禁止	手付金を貸したり、分割払いや後払いをすることにより契約の締結を誘引してはいけない

ワンポイント

将来の利益に関する断定的判断の提供の禁止は頻出！

将来の利益に関する断定的判断の提供の禁止は、試験では事例問題の形で出題されることが少なくありません。「間違いない」「必ず」「絶対大丈夫」などのフレーズがあれば断定的判断にあたると思ってよいでしょう。

コラム 合格のイメージをもつために「合格体験記」を書く

　試験前に、ぜひすすめたいのは「合格体験記」を書くことです。「試験の前に？　しかも合格していないのに合格体験記を書く？　冗談を言っているの？」と思うかもしれませんが、真面目な話です。

　失敗しないためには**成功のイメージをもつことが大事**です。そこで、合格するというイメージをもつために、合格体験記を書くのです。どういう道のりで合格したのかを、具体的にはどのような勉強をしたのか、過去問を何回繰り返したのか、どのようにして勉強時間を捻出したのかなどをまとめてみましょう。このように合格までの道のりを文章化することで、「よし、ここに書いたように勉強して合格するぞ！」とモチベーションアップにもつながるはずです。また、そのように気合いを入れるという観点でいえば、たとえば試験の願書を提出する７月頃など**勉強が中だるみする時期に作成**するとよいでしょう。

　合格体験記を作成するときには、今の時点で自分の合格可能性は何％ぐらいだろうかと思うかもしれません。「30％ぐらいかな」という人もいるでしょう。あるいは「70％はあるのでは」という人も。このように合格可能性は人それぞれであるように思えるかもしれませんが、決してそうではありません。試験を受ければ、その結果は合格か不合格かのどちらか１つなのですから、**合格可能性は誰もが 50％**です。すべての受験生が 50％なのです。10％、20％や 70％、80％などといった 50％以外の数字はあり得ないのです。

　その 50％が現実になるか否かは、これからの頑張り次第です。**苦しいときでも、問題を１問解けばそれだけ合格に近づくし、もうだめだと思ってあきらめたら不合格に近づく**のです。努力するかどうかで勝つか負けるかが決まってきます。努力を信じてください。努力は嘘をつきません。自分を信じて試験までの道のりを乗り切ってください。

第 **5** 章

重要事項説明書

宅建士しかできない業務であり、試験でも重要項目となります。買う（借りる）かどうかの判断材料を提供することになるので、必ず契約前に説明しなければなりません。買う人、借りる人の立場で、説明してほしいかどうかを考えるのが重要です。

01 重要事項の説明には 35条書面の交付が必要

試験問題では、「このような説明が
本当に必要なのか」を考えると答えが出ます

宅建士にしかできない重要事項の説明

広告を見て物件を「買いたい」「借りたい」という人が現れたら、契約の前に重要事項の説明を行わなければなりません。この物件に関する重要事項の説明をもとに相手は契約を締結するかどうかの判断をすることになるためです。説明の中身は法律的、専門的なものであるため、宅建士が行わなければなりません。また、物件を取得しようとする人、借りようとする人に契約締結の判断材料を与えるという趣旨から、説明の相手方は買主や借主になります。

さらに重要事項の説明は、原則として**口頭**と**書面**で行うことが義務づけられています。この書面は「**35条書面**」と呼ばれており、宅建士の記名が必要になります。ただし、**相手が宅建業者の場合は口頭での説明は不要で、書面のみを交付**します。なお、相手の承諾があれば、書面に記載すべき事項を電磁的方法により提供することができます。

重要事項説明書はどこでも交付できる

また、**重要事項の説明の時期は契約成立までに行う**とされています。契約と同時の説明は不可になります。貸借の場合などは、契約締結の日に説明が行われることが少なくありませんが、その場合でも、まずは重要事項の説明をした後で契約を結ぶという手順を踏んでいるはずです。

また、35条書面の交付場所に関しては特に規制がありません。物件の所在地や相手の望む場所など、どこで書面を渡しても問題ありません。

それから、新たにITを活用した重要事項説明（IT重説）も始められています。これは、パソコンやタブレット端末などを使って、インターネットを通じたテレビ会議等の双方向の形式で重要事項の説明を行うというものです。

◎ 重要事項の基本的説明事項①

	売買・交換	建物の貸借	宅地の貸借
1	登記された権利の種類、内容、登記名義人または登記簿の表題部に記録された所有者の氏名		
2	飲用水、電気、ガスの供給ならびに排水のための施設の整備の状況（整備されていない場合には、その整備の見通しおよびその整備についての特別の負担に関する事項）		
3	契約の解除に関する事項		
4	損害賠償額の予定または違約金に関する事項		
5	支払金、預り金を受け取る場合に保全措置を講ずるかどうか、および講ずる場合の保全措置の概要		
6	代金・交換差金に関する金銭の貸借のあっせんの内容およびあっせんに係る金銭の貸借が成立しないときの措置	—	
7	代金、交換差金および賃料以外に授受される金銭の額・目的（手付金、申込証拠金、敷金、権利金、保証金など）		
8	都市計画法、建築基準法、その他の法令に基づく制限で政令で定めるものに関する事項の概要		
	すべて 建物の賃借の場合、「法令上の制限」については、一部を除きほぼ説明不要と考えてよいでしょう。建蔽率、容積率、用途規制などについての説明も不要です	建物賃借人に適用される制限のみ ・流通業務市街地整備法 ・新住宅市街地整備法 ・新都市基盤整備法	土地所有者に限って適用される制限は除く
9	宅地または建物が土砂災害警戒区域等における土砂災害防止対策の推進に関する法律7条1項により指定された土砂災害警戒区域内にあるときは、その旨		
10	宅地または建物が宅地造成及び特定盛土等規制法45条1項により指定された造成宅地防災区域内にある		
11	宅地または建物が津波防災地域づくりに関する法律53条1項により指定された津波災害警戒区域内にあるときは、その旨		
12	水防法施行規則11条1号により市町村の長が提供する図面（水害ハザードマップ）に宅地または建物の位置が表示されているときは、その図面におけるその宅地または建物の所在地		
13	石綿の使用の有無の調査の結果が記録されているときは、その内容（建物のみ）	—	
14	建物が建築物の耐震改修の促進に関する法律4条1項に規定する一定の耐震診断を受けたものであるときは、その内容（建物のみ）[※1]	—	
15	既存建物状況調査の実施の有無および実施している場合の結果の概要と建物の設計図書などの保存状況[※2]	—	
16	手付金等の保全措置の概要（自ら売主の場合に限る）	—	

※1 1981年6月1日以降に新築工事に着手した建物は除く
※2 建物の貸借の場合は、建物の設計図書などの保存状況の説明は不要となる

重要事項の説明の中身については、123、125、127ページの表にまとめました。これらの表を丸暗記する必要はありません。かつてはゴロ合わせで覚える方法も流行りましたが、最近はそれでは答えられない問題も増えてきています。まずは、それぞれの事項に出てくる言葉の意味をしっかりと理解することが必要になります。そのうえで、**自分が買う立場や借りる立場となった場合に「このような説明が本当に必要なのか」を考える**と、問題の7、8割はおのずと解けるはずです。以下では、それだけでは対応できないポイントを取り上げて解説します。

借主への説明が必要となる場合をおさえる

　まず、123ページの表の「1　登記された権利の種類、内容、登記名義人または登記簿の表題部に記録された所有者の氏名」については、買主だけでなく、借主に対しても説明しなければなりません。もし抵当権が設定されていれば、それが実行されたときに借主は物件から退去しなければならなくなります。そのような利害関係があるので、**借主に対しても登記の内容を説明することが求められている**のです。この点に関しては、宅建業者の中にも不要と誤解している人がいるので注意してください。

　また、「2　飲用水、電気、ガスの供給ならびに排水のための施設の整備の状況」「9　宅地または建物が土砂災害警戒区域等における土砂災害防止対策の推進に関する法律7条1項により指定された土砂災害警戒区域内にあるときは、その旨」「10　宅地または建物が宅地造成及び特定盛土等規制法45条1項により指定された造成宅地防災区域内にあるときは、その旨」はどれも人の命に関わってくることなので、借主にも当然説明しなければならないと理解しておけばよいでしょう。

　右ページの表の「18　住宅性能評価を受けた新築住宅」については、買主に対しては説明が必要ですが、借主に対しては不要です。買主にとっては住宅性能評価を受けていると住宅ローンの金利が安くなるというメリットがあるために、その情報が重要となりますが、借主にはそもそもローンがないため不要と考えてください。

	売買・交換	建物の貸借	宅地の貸借
17	割賦販売の場合、現金販売価格、割賦販売価格、引渡しまでに支払う金銭の額、賦払金額、支払時期と方法	—	
18	建物が住宅の品質確保の促進等に関する法律5条1項に規定する住宅性能評価を受けた新築住宅であるときは、その旨（建物のみ）	—	
19	宅地または建物の契約不適合責任の履行に関し保証保険契約の締結その他の措置を講ずるかどうか、およびその措置を講ずる場合におけるその措置の概要	—	
20	私道に関する負担等に関する事項	—	私道に関する負担等に関する事項
21	—	①契約期間および契約の更新に関する事項	
		②宅地または建物の用途その他の利用の制限に関する事項	
		③宅地、建物の管理が委託されているときはその委託を受けている者の氏名および住所（登録番号）	
		④敷金その他契約終了時において精算することとされている金銭の精算に関する事項	
		⑤借地借家法38条に規定する定期建物賃貸借をしようとするときは、その旨	⑤借地借家法22条に規定する定期借地権（長期の定期借地権）を設定しようとするときは、その旨
		⑥高齢者の居住の安定確保に関する法律52条に規定する終身建物賃貸借をしようとするときは、その旨	—
		—	⑦契約終了時における当該宅地の上の建物の取壊しに関する事項を定めようとするときは、その内容
		⑧台所、浴室、便所その他の当該建物の設備の整備の状況	—

各事項の言葉を理解し、買う立場・借りる立場になって考えましょう

それから、21 の「⑧台所、浴室、便所その他の当該建物の設備の整備の状況」は建物の貸借の際には説明が必要ですが、売買・交換と宅地の貸借の際には不要です。台所、浴室、便所等に関する説明が宅地の貸借の際に不要なのは当然ですが、売買の場合になぜ説明がいらないのかというと、その理由は、これらの設備に何か問題があれば買主は購入後にリフォーム等によって対処できるからです。

つまり、売買代金はそのようなリフォーム費用も踏まえて決められるはず（売買代金を決める際に台所、浴室、便所等に関する情報は伝えられるはず）という理由から、説明不要となっているのです。

マンションに関してはプラスアルファの説明事項がある

右ページの表では、追加説明事項として「23 区分所有建物」があげられています。これは、マンション特有の重要事項になります。マンションの場合には、ここまでの基本的説明事項に加えて区分所有建物も説明しなければならないということです。

まず、「③専有部分の用途その他の利用の制限に関する規約の定め（案を含む）があるときは、その内容」と、「⑦ 1 棟の建物・敷地の管理が委託されているときは、委託を受けている者の氏名・住所（登録番号）」については売買でも貸借でも説明が必要です。そして、この③と⑦以外は、すべて売買・交換のときだけ説明が必要になると覚えてください。

なお、③の専有部分の用途とは部屋の使い方です。たとえば、ペットの飼育が可能かどうかは、借主にとっても重要な要素になるので説明が求められています。ただし、規約の定めがないときには説明が不要になる点に注意してください。規約がなければ、制限なく部屋を自由に使えるからです。

それから、⑦に関しては、建物の管理は借主にとっても大きな関心事であるので説明が必要とされています。

重要事項の追加説明事項

	売買・交換	建物の貸借	宅地の貸借
22 未完成物件	工事完了時の形状・構造（宅地は、道路からの高さ、擁壁、排水施設、井戸等の位置、構造等について、建物は、鉄筋コンクリート造、ブロック造、木造等の別、屋根の種類、階数について、平面図を交付して説明）		
	宅地：造成工事完了時の宅地に接する道路の構造および幅員 建物：建築工事完了時の建物の主要構造部、内装・外装の構造や仕上げ、設備の設置および構造		
23 区分所有建物	①1棟の建物の敷地に関する権利の種類・内容	―	
	②共用部分に関する規約の定め（案を含む）があるときは、その内容		
	③専有部分の用途その他の利用の制限に関する規約の定め（案を含む）があるときは、その内容		―
	④1棟の建物・敷地の一部を特定の者のみに使用を許す旨の規約の定め（案を含む）があるときは、その内容	―	
	⑤1棟の建物の計画的な維持修繕のために費用の積立てを行う旨の規約の定め（案を含む）があるときは、その内容とすでに積み立てられている額（滞納があれば滞納額も）		
	⑥建物の所有者が負担しなければならない通常の管理費用の額（滞納があれば滞納額も）		
	⑦1棟の建物・敷地の管理が委託されているときは、委託を受けている者の氏名・住所（登録番号）		―
	⑧1棟の建物の計画的な維持修繕のための費用、通常の管理費用その他の建物の所有者が負担しなければならない費用を特定の者にのみ減免する旨の規約の定め（案を含む）があるときは、その内容	―	

取引の対象となる
建物・宅地の
最低限の説明です

02 不動産取得税は不動産の 取得時に課される

贈与・交換・新築・改築などによる
取得時に課税されます

　不動産取得税は、売買等を通じて不動産を取得したときに課される税金です。税金には、国に納める国税と都道府県または市町村に納める地方税があります。不動産取得税は**地方税**であり、不動産の所在する都道府県に納めます。したがって、ハワイなど海外の物件を購入した場合には、ハワイに都道府県はないので不動産取得税はかかりません。

　また、どのような場合が「取得」に該当するのかは、右ページの表にまとめたとおりです。**改築によって建物の価格が増加した場合も取得にあたること、一方で相続・合併の場合は取得にあたらない点に注意してください。**

宅地に特例が適用されれば台帳価格の半分になる

　不動産取得税は、固定資産税の台帳価格に所定の税率をかけて求められます。**住宅と宅地に関しては、この台帳価格が軽減される特例措置が用意されています。**つまり、特例が適用されれば不動産取得税が安くなります。

　まず、住宅に関しては、建物の床面積が50㎡以上、240㎡以下であれば1,200万円控除されます。もともとの台帳価格が1,200万円であれば、課税標準が0円になるわけです。0円に税率をかけても0円なので不動産取得税はかからないことになります。床面積の上限が240㎡なのは、それを超えるような大きな建物の持ち主の税金をあえて安くする必要はないという考えからでしょう。一方、下限の50㎡以上は、家族で住む物件が想定されています。子どもの養育費など家族持ちは何かとお金がかかるので、せめて税金を安くしてあげようという配慮によるものです。

　また、宅地に関しては、特例が適用された場合、台帳価格の半分になります。取得した土地の価格を2分の1にした数字に税率をかけて具体的な税額を求めることになります。

◎ 不動産取得税のポイント

課税主体 （税金を課す主体）	取得した不動産が所在する都道府県（地方税）
課税客体 （税金が課される もの）	不動産の取得 具体的には贈与、交換、新築、改築（価格が増加した場合に限る）、 増築、特定遺贈
納税義務者 （税金を払う者）	不動産を取得した者
課税標準 （税金の計算の 基礎となる金額）	固定資産課税台帳の登録価格
標準税率	土地・住宅：3％ 住宅以外の建物：4％
納付方法	普通徴収（納税通知書が届く）
免税点 （税金がかからな い場合）	土地：課税標準額が10万円未満 建物：建築（新築・増改築等）による取得＝課税標準額が23万円未満 　　　その他による取得＝課税標準額が12万円未満

> 相続、包括遺贈、合併の場合には課税されません

◎ 不動産取得税の特例措置

住宅

住宅の課税標準の特例
新築住宅で床面積50㎡以上（一戸建て以外の賃貸住宅の場合は40㎡以上）、240㎡以下という適用要件を満たす場合は1,200万円が控除される

宅地等

台帳価格の2分の1が控除される

> 特例措置は税金が安くなる制度です

ワンポイント

免税点は「ジュニアサイズ」でゴロ合わせ！

不動産取得税の免税点は「ジュニアサイズ」とゴロ合わせで覚えるとよいでしょう。10万円未満は「ジュ」、23万円未満は「ニアサ」、12万円未満は「イズ」です。

03 固定資産税は固定資産の所有者に課される

不動産取得税との違いは、市町村への
納付や質権者も納税義務者となることです

　固定資産税は、不動産などの固定資産をもつ人に対して課される**地方税**です。不動産取得税との違いが重要なポイントになります。

　まず、納付先は**市町村**になります（不動産取得税は都道府県です）。また、納税義務者は所有者だけとは限りません。質権者や100年より永い存続期間の地上権者も納税義務者となります。実質的な所有者になった者も払わなければならない場合がある、とイメージしておけばよいでしょう。

　また、固定資産税の台帳価格は3年間据置きです。毎年のように見直しはしないという点に注意してください。

　さらに、**都市計画税とあわせて賦課徴収できる**ことになっています。都市計画税とは都市計画区域内の土地所有者に対してのみ課される地方税です。

住宅に特例が適用されれば120㎡までの部分が減額される

　固定資産税にも、住宅、宅地それぞれに関して特例措置が用意されています。まず住宅については、新築など一定の要件を満たした建物で、床面積が50㎡以上280㎡以下の場合は、120㎡までの部分に関して一定期間、税額の2分の1が減額されます。すべての面積が2分の1になるわけではない点に気をつけてください。

　また、宅地に関しては1つの土地を**小規模住宅用地**と**一般住宅用地**に分けて税金が軽減される仕組みになっています。小規模住宅用地とは200㎡以下の部分、一般住宅用地は200㎡を超える部分です。たとえば300㎡の土地の場合は、200㎡以下の部分が小規模住宅用地、それ以外の100㎡は一般住宅用地となります。小規模住宅用地については台帳価格の6分の1に、一般住宅用地については3分の1となります。建物がない更地にはこのような特例が適用されないので、固定資産税は非常に高くなります。

◎ 固定資産税のポイント

課税主体	固定資産が所在する市町村（地方税） 〔住所地ではありません〕
課税客体	1月1日現在の固定資産（土地、家屋、償却資産）
納税義務者	原則：固定資産課税台帳に所有者として登録されている者 例外：質権者、100年より永い存続期間の地上権
課税標準	固定資産課税台帳の登録価格（3年に一度見直し）
標準税率	1.4%　〔必要があれば自治体によって異なる税率を定められます〕
納付方法	普通徴収（都市計画税とあわせて賦課徴収することができる）
納付期日	4月、7月、12月および2月中において市町村の条例で定める
免税点 （税金がかから ない場合）	土地：課税標準額が30万円未満の場合 家屋：課税標準額が20万円未満の場合

◎ 固定資産税の特例措置

小規模住宅用地（200㎡以下の部分）
　＝課税標準×1/6
一般住宅用地（200㎡を超える部分）
　＝課税標準×1/3

住宅

床面積が50㎡以上280㎡以下の新築
住宅で居住割合が全体の2分の1以
上の場合、3年間（3階建て以上の
中高層耐火建築物は5年間）、2分
の1に減額（床面積のうち、120㎡
までの住宅部分に限る）

固定資産税の免税点も
「ミニ」とゴロ合わせで覚
えましょう。30万円未満
は「ミ」、20万円未満は「ニ」
です

📖 **ワンポイント**

普通徴収の仕組み

固定資産税も都市計画税も、市町村が税額を計算して納税者に通知
する仕組みになっています。納税者は、特に異議がなければ、市町
村の通知に基づいて納税の手続を行います。

04 譲渡所得税は 不動産の売却時に課される

重要度 ★☆☆

課税標準が軽減される「3,000 万円控除」と
「5,000 万円控除」の特例があります

　譲渡所得税は不動産を売ったときに得た利益に課される国税です。**譲渡所得税には、課税標準が、つまり税率をかける元の金額が軽減される特例がいくつかあります。**

　第一は「3,000 万円控除」です。これは、ごく簡単にいえばマイホームを売って得た売却代金の税金が安くなるという特例です。

　控除を受けるための要件は、まず(1)**居住用財産**を譲渡した場合です。居住用財産とは、①現に住んでいる居住用家屋とその敷地、②以前住んでいた居住用家屋などで、居住の用に供されなくなった日から 3 年を経過する日の属する年の 12 月 31 日までに譲渡したものです。②は要するに、引っ越してからも 3 年が過ぎるまでは居住用財産とみなされるということです。

　また、(2)**配偶者等身近の者への譲渡ではないこと**も必要です。身内に売っても税金は安くならない、赤の他人に売らないとだめだということです。

　なお、譲渡所得税は物件を所有していた期間によって税率が変わりますが、「3,000 万円控除」に関してはそのような所有期間の要件はありません。ただし、(3)**前年または前々年にその適用を受けていないこと**が必要です。

収用交換の補償金には「5,000 万円控除」が適用される

　譲渡所得税の特例としては、第二に「5,000 万円控除」があります。これは**収用交換等が行われた場合**に適用対象となります。公共事業の際に土地を収用された場合、その対価として渡される補償金に対しては 5,000 万円まで税金がかからないという特例措置です。

　譲渡所得税に関しては、右ページの表に示したように居住用財産の軽減税率の特例もあります。「3,000 万円控除」と「5,000 万円控除」は、この居住用財産の軽減税率の特例と併用できることもおさえておきましょう。

◎ 3,000万円控除の要件

⑴居住用財産を譲渡した場合であること

〈居住用財産〉

❶現に住んでいる居住用家屋とその敷地 ⟵ 所有期間は関係ありません

❷以前住んでいた居住用家屋などで、その居住の用に供されなくなった日から3年を経過する日の属する年の12月31日までに譲渡したもの

⑵配偶者等身近の者への譲渡ではないこと

〈配偶者等身近の者〉

❶配偶者、直系血族（祖父母、父母、子、孫）

❷ ❶以外の同一生計の親族

❸譲渡後、その居住用家屋に同居する親族

❹その他同族会社

⑶前年または前々年に、3,000万円控除の適用を受けていないこと（3年に1回）

3,000万円控除は、多くても3年に1回しか使えないということです

⑷本年、前年、前々年に居住用財産の買換え特例の適用を受けていないこと

◎ 軽減税率の特例

	適用要件	税率
居住用財産	所有期間10年超	譲渡益6,000万円以下の部分：10% 譲渡益6,000万円を超える部分：15%

◎ 特例相互の適用関係

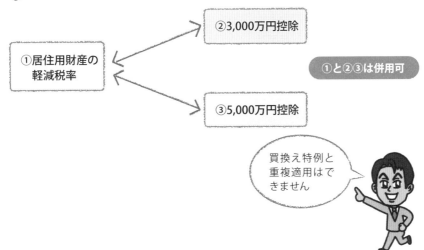

①居住用財産の軽減税率

②3,000万円控除

③5,000万円控除

①と②③は併用可

買換え特例と重複適用はできません

契約書や領収書に課される印紙税

重要度 ★★★

建物の賃貸借契約書は非課税となる一方、
土地の賃貸借契約書には課税されます

　契約書や領収書など一定の文書に対しては、「印紙税」と呼ばれる国税が課されます。

　まず、納税義務者は**課税文書の作成者**です。委任に基づく代理人が代理人名義で作成する課税文書の作成者は、代理人となる点に注意してください。

　納付方法は、文書に収入印紙を貼り付けて消印をします。消印は契約書に押されている印と同じ必要はなく、誰の印でも構いません。印紙が貼られていない場合や消印のない場合はペナルティとして過怠税が課されます。

　また、国、地方公共団体が作成した文書は原則として非課税です。

　印紙税の課税文書は右ページの中の表に示したとおりです。この中で特に注意したいのは、**建物の賃貸借契約書は課税されないのに対して、土地の賃貸借契約書には課税される**ことです。また、委任状または委任に関する契約書も課税対象外となります。それから、金銭の受取書とは領収書のことです。**５万円未満の領収書は非課税**となることをおさえておいてください。また、営業に関しない金銭の受取書（領収書）も課税されません。

贈与の場合は、記載金額がない契約書として扱われる

　課税標準は、契約書のタイプによって異なります。売買の場合は売買代金になります。また、交換で双方の金額が記載されている場合は、高いほうを基準に課税されますが、交換差金の額だけが書いてある場合には、その額となります。贈与の場合は、記載金額がない契約書として200円の印紙を貼ります。

　それから、土地の賃貸借契約書、地上権の設定・譲渡に関する契約書の場合は、記載金額は地代、賃料ではなく、後日返還することが予定されていない金額、つまり権利金等が課税標準となるので注意してください。

◉ 印紙税のポイント

課税主体	国（国税）
課税客体	課税文書
納税義務者	課税文書の作成者 ← 委任に基づく代理人が代理人名義で作成する課税文書の作成者は、代理人です
課税標準	課税文書に記載された金額（一番下の表の「印紙税の課税標準」を参照）
納付方法	印紙を貼り付けて消印する ← 消印は、代理人や使用人の印章または署名でも構いません
過怠税	・印紙を貼っていない場合は、実質3倍（自己申告なら1.1倍）の金額 ・消印のない場合は、消印していない印紙の額面金額
非課税	国・地方公共団体等が作成する文書 ただし、国・地方公共団体等と私人が共同作成した文書の場合は以下のとおり 　①国・地方公共団体等が保存する文書は課税される 　②私人が保存する文書は非課税となる

契約の印でなくてもOKです

◉ 印紙税の課税文書

課税される文書

・土地の賃貸借契約書
・地上権設定契約書
・売買・交換・贈与の契約書
　（予約契約書含む）
・金銭の受取書(受取金額が5万円未満の受取書は非課税)

課税されない文書

・建物の賃貸借契約書
・委任状または委任に関する契約書
　（不動産の媒介契約書など）
・永小作権・地役権・質権・抵当権の設定、
　または譲渡の契約書
・使用貸借の契約書
・営業に関しない金銭の受取書（領収書）

たとえば、売主が一般の会社員で5,000万円の土地建物を売却した場合には、営業ではないのでその領収書に印紙を貼る必要はありません

◉ 印紙税の課税標準

不動産の譲渡に関する契約書	売買	売買金額
	交換	・双方の金額が記載されている場合は高いほうの金額 ・交換差金のみが記載されている場合は交換差金の額
	贈与	記載金額のない契約書として扱われ、一律200円
土地の賃貸借契約書、地上権の設定・譲渡に関する契約書		契約の際に貸主等に交付し、後日返還することが予定されていない金額 （権利金、礼金、更新料等を指し、賃料・地代は含まれない）

06 不動産登記の際に課される登録免許税

抵当権設定登記の場合は
債権金額が課税標準となります

　登録免許税は、不動産登記の際に課される国税です。納税義務者は登記を受ける者となっています。**売買の場合には売主と買主双方が連帯して納付する義務を負います。**

　課税標準は、固定資産課税台帳の登録価格になります。実際の売買代金ではありません。また、登記する不動産の上に地上権等がある場合は、権利等がないものとした場合の価格になります。要は更地とみなして台帳どおりに計算するわけです。さらに、抵当権設定登記の場合は、台帳価格ではなく、債権金額が課税標準になります。たとえば、1億円の建物に被担保債権100万円の抵当権を登記するような場合に、1億円をもとに税金を計算するのは明らかに不合理だからです。

　納付方法は現金納付であり、**3万円以下の場合には印紙による納付も可能**です。納付期限は登記を受けるとき、言い換えれば登記の申請のときです。

　また、国、地方公共団体が自己のために受ける登記と表示に関する登記については非課税となっています。

登録免許税が軽減される特例はマイホームに適用される

　登録免許税には、税率が軽減される特例があります。右ページ下の表にその概要をまとめました。**①家屋の床面積が50㎡以上、②個人が自己の居住用に供すること、③新築（取得）後1年以内に登記を受けること**、という特例が適用される共通の要件はおさえておきましょう。

　②は、要するにマイホームでなければならないということです。たとえば、会社名義で買った住宅に社長が住む場合には、特例は適用されません。

　また、③は「早いうちに登記をすれば税金をサービスするよ」と、登記を早期に行うことを促しているわけです。

◎ 登録免許税のポイント

課税主体	国（国税）
課税客体	不動産の登記
納税義務者	登記を受ける者（登記を受ける者が2人以上いるときは連帯して納付義務を負う）
課税標準	原則：固定資産課税台帳の登録価格 ・登記する不動産の上に地上権等がある場合は、その権利等がないものとした場合の価格 ・抵当権の設定登記は債権金額 ・課税標準が1,000円未満の場合は、1,000円として計算される
税率	所有権保存は4/1,000、売買等の所有権移転は20/1,000等、抵当権の設定は4/1,000
納付方法	現金納付（3万円以下のときは印紙納付も可能）
納付期限	不動産の登記を受けるとき
納税地	登記を受ける登記所
非課税	①国・地方公共団体等が自己のために受ける登記 ②表示に関する登記（分筆・合筆による表示変更登記は除く）

> 売買による所有権の移転の登記の場合、売主と買主が連帯して納付する義務を負います

◎ 住宅用家屋の登記に係る軽減税率の特例の適用要件（家屋のみで土地にはなし）

	軽減税率	共通	非共通
所有権の保存登記	0.15%	①家屋の床面積が50㎡以上 ②個人が自己の居住用に供すること ③新築または取得後1年以内に登記を受けること	新築住宅のみ
売買等の所有権の移転登記※	0.3%		新築住宅（新耐震基準に適合している住宅に適用。なお、登記の建築日が昭和57年1月1日以降の家屋は、新耐震基準に適合している住宅とみなす）
抵当権の設定登記	0.1%		

> マイホームであれば一生に何度でも利用できます

※売買または競売のときのみで、贈与による移転には適用なし

 ワンポイント

本来の登録免許税の納付義務者は？

実務では、登録免許税を買主の負担とする特約が結ばれることが多いですが、本来は買主・売主の連帯納付が義務づけられている点に注意してください。

07 鑑定評価でカギとなる 4つの不動産価格

市場性の有無などにより、正常価格、
限定価格、特定価格、特殊価格があります

　税金に関しては、不動産鑑定評価の知識もおさえておくことが必要です。ここでポイントとなるのは不動産の価格の種類です。右ページ上の図にまとめたように、①正常価格、②限定価格、③特定価格、④特殊価格という4つの種類があります。

　まず、①正常価格は**市場性を有する不動産の価格**、つまり相場の価格です。それに対して、④特殊価格は**市場性を有しない不動産の価格**です。具体例をあげると、法隆寺や金閣寺のような歴史的な建造物などは誰も買いませんし、誰も売らないでしょう。②限定価格は限定した市場で成立する価格です。たとえば、新宿駅の駅前の土地が100㎡で1億円だったとします。さらに、この隣の土地をもう100㎡買えることになったら、その買い値は「100㎡が1億円なのだから2倍で2億円」ということにはなりません。なぜなら新宿駅前という不動産の資産価値が極めて高いエリアでは、土地の広さが2倍になることは、2倍をはるかに上回る価値をもつとみなされるからです。このように、地域によっては土地の価格が「1足す1は2ではなく、5倍にも10倍にもなる」というのが限定価格のイメージの1つです。③特定価格も市場性を有しますが、通常の売買の条件を満たさないときの価格です。

鑑定評価の手法は3つある

　鑑定評価の手法には、①原価法、②取引事例比較法、③収益還元法の3つがあります。わかりやすくいえば、①原価法は「今造ったらいくらかかるか」、②取引事例比較法は「ほかの物件はどれくらいで売れているか」、③収益還元法は「これから先どれくらい儲かるか」という視点で不動産の評価を行います。そして、鑑定評価を行う際にはどれか1つの方法だけを選ぶのではなく、複数の手法を併用すべきとされています。

◎ 不動産の価格の4つの種類

①正常価格

＝市場価格

市場性を有する不動産で、
合理的な**条件を満たす**市場の価格

②限定価格

1億＋1億　＞2億

市場性を有する不動産だが、
限定的な市場の価格

③特定価格

早期売却

市場性を有する不動産だが、正常価格の**条件を
満たさない**価格（民事再生法が適用されて、
処分が急がれている場合など）

④特殊価格

文化財など

市場性を有しない不動産

◎ 鑑定評価の3つの手法

①原価法	鑑定時点における対象不動産の再調達原価を求め、この再調達原価について減価修正を行って対象不動産の試算価格（積算価格）を求める手法
②取引事例比較法	まず多数の取引事例を収集して適切な事例の選択を行い、これらに係る取引価格に必要に応じて事情補正および時点修正を行い、かつ、地域要因の比較および個別的要因の比較を行って求められた価格を比較考量し、これによって対象不動産の試算価格（比準価格）を求める手法
③収益還元法	対象不動産が将来生み出すであろうと期待される純収益の現在価値の総和を求めることにより対象不動産の試算価格（収益価格）を求める手法

3つの手法は1つを
選んで使うのではな
く、複数の手法を利
用して評価します

08 売買代金の目安を示す地価公示とは？

重要度 ★★☆

一般の土地取引では取引価格の指標にするよう努めなければなりません

　地価公示とは、国が主導して日本全国の土地の値段を鑑定し、不動産の売買代金の目安を示すものです。その手続の流れを見ると、まずは国土交通大臣が、衆議院、参議院の両議院の同意を得て、**土地鑑定委員を7人任命します**。この7人によって土地鑑定委員会が構成されます。また、地価公示で鑑定する土地の候補地も決められます。これを**公示区域**といいます。

　公示区域が決まると、その区域内に具体的にどの土地を鑑定するかを定めます。この鑑定の対象となる土地を**標準地**といいます。そして、2人以上の不動産鑑定士によって標準地の鑑定評価が行われます。鑑定対象となる土地は、地上権等の権利が存在しない更地として評価されます。この鑑定した結果に対する調整等を経て、その年の1月1日現在の正常な価格が判定され、官報で公示されます。**官報**には価格だけでなく**土地利用の現況も記載される**点をおさえておきましょう。そして関係市町村の長に対して、その市町村が所在する都道府県の標準地の公示価格が記載された書面と図面が送付されます。

　送られてきた書面・図面は市町村の事務所において一般の閲覧にも供されます。このような地価公示の一連の手続の中に、**都道府県知事が出てこない**ことには注意してください。

売買と補償金の算定では扱いが異なる

　また、右ページの「公示価格のポイント」にも要注意です。一般の土地の取引、つまり売買のときは取引価格の指標にするよう努めなければなりません。一方、公共用地等の取得価格の算定の場合、具体的には**補償金を算定する場合には、公示価格を規準に金額を出さなければならない**という決まりがあります。この両者の違いについては試験でよく出題されます。

◎ 地価公示の手続の流れ

土地鑑定委員の任命

土地鑑定委員は、不動産の鑑定評価に関する事項または土地に関する制度について学識経験を有する者のうちから、両議院の同意を得て、国土交通大臣が任命する

公示区域を定める

都市計画区域その他の土地取引が相当程度見込まれる一定の区域が国土交通大臣によって公示区域に定められる

> 土地取引が行われる可能性があればよく、市街化区域内などに限定されているわけではありません

標準地の選定

土地鑑定委員会が標準地を選定する。標準地は、❶公示区域内で、❷自然的・社会的条件から見て、類似の利用価値を有すると認められる地域、❸土地の利用状況、環境等が通常と認められる一団の土地の中から選ばれる

> 標準地は、鑑定する土地のことで、要するに普通の土地というイメージです

鑑定評価

❶2人以上の不動産鑑定士によって、標準地の鑑定評価が行われる。
❷標準地上に建物等が存在し、または、地上権等が設定されている場合には、これらが存しないものとして鑑定評価する

正常な価格の判定

❶土地鑑定委員会は、不動産鑑定士の鑑定評価結果を審査し、必要な調整等を行う
❷1月1日現在の標準地の単位面積当たりの正常な価格(自由で正常な土地取引の場合に成立するであろう価格)を判定する

公示

年1回官報にて公示する
※公示される主な事項 ❶所在する市町村・地番(住居表示を含む)、❷単位面積当たりの価格・その価格判定基準日、❸地積・形状、❹土地利用の現況(周辺・前面道路を含む)

公開

上記の書面と図面は市町村の事務所(市町村役場等)で一般の閲覧に供される

◎ 公示価格のポイント

一般の土地取引の場合	公示価格を指標として取引するよう努めることが求められる
公共用地等の取得価格の算定等の場合	公示価格を規準に金額を出さなければならない

合格に近づくための税法の勉強法

税法については、細かな数字が出てくることなどもあって苦手意識をもつ人が少なくありません。ただ、覚えてしまえば確実に得点できるという単純明快なところがあります。ほかの科目では、なかなかこうはいきません。たとえば、宅建業法は引っかけ問題が多いので、問題を数多く解かないと実力は上がりません。そういう意味では、**税法は最小限の勉強ですむ、非常に効率がよい科目**といえるかもしれません。

もっとも、個々の税法の重要なポイントは、覚えるからには完全に覚えなければなりません。そこで、どこまでやるのか、何をやるのかを早いうちに確認しておくことが大事になります。

また、税率等の数字に関しては、試験の直前でないと覚えても忘れてしまうはずです。したがって、試験の1週間前から前日、当日の朝など、**最後の段階で暗記するのが一番合理的**です。

それから、初めから全部を完璧に覚えようとはしないでください。**重要度の高いところから優先順位をつけて勉強を進める**ようにしましょう。

まず、地方税、具体的には**不動産取得税または固定資産税のどちらかは、必ず毎年1問出題**されます。しかも、比較的正解しやすい問題が出るので、優先的に勉強してください。一方、国税に関しては、譲渡所得税と贈与税は非常に専門的で難しいところまで突っ込んだ問題が出る傾向があり、深入りするのは得策ではありません。それよりは**印紙税を重視**しましょう。過去問を解いていれば正解できる問題が多いので、対策をしやすいはずです。同様に、登録免許税も難問が出ることもありますが、過去問の知識だけで取れる問題が多いです。ただ、毎年出題されるところではないので「もう3年出ていないから、今年はちょっと危ないな。出る可能性が高いぞ」と思ったら、過去問で問われている基本的事項だけでも確認しておくとよいでしょう。

第 **6** 章

売買契約

民法では契約自由の原則が取られています
が、宅建業法では消費者保護のためにやっ
てはいけない契約内容を定めています。契
約書等の手続も含めて確認しましょう。

01 手付金は契約解除のキャンセル料

手付金の貸与などは禁止されており、
基本的に全額を現金で渡すことが求められます

　重要事項の説明が終わると、いよいよ売買契約を結ぶことになります。契約が成立すると、通常、売主に対しては、手付金が渡されることになりますが、これは当然に代金の一部になるわけではなく、契約の成立を証明する証拠になるなど様々な性質をもつことになります。もっとも、宅建士試験では契約を解除する際の**キャンセル料**と覚えておけばよいでしょう。このような手付金を**解約手付**といいます。つまり、手付金を払えば、自分の都合で契約を解除することができるのです。具体的に述べると、手付金が売主に渡された場合、相手が履行に着手する前なら、買主、売主双方が解除を行えます。たとえば、転勤になり購入した家に住めなくなったなどの理由で買うのをやめたくなった買主Aは、手付金を放棄して契約を解除できます。一方、「もっと高く買ってくれる人が現れた」などの理由から売るのをやめたくなった売主Bは手付金の倍額を最初の買主Aに支払うことで契約を解除できます。

　契約の成立後に一方的な理由で契約をキャンセルすれば、当然相手に迷惑をかけることになるでしょう。その迷惑をかけたおわびとして、契約を解除する者には手付金の放棄もしくは倍返しを行うことが求められているのです。

手付貸与等の禁止

　手付金に関しては、**貸与もしくは信用を供与して契約の締結の誘引をすることが禁止**されています。つまり、**手付は基本的に全額現金で渡さなければなりません**。手付金の貸与が認められてしまうと、業者「このマンションを買いませんか」、顧客「買ってもいいけど、今、手元にお金がないので手付金が支払えないんだ」、業者「それならお貸しします」などというやりとりの結果、手付を支払うことになった場合、顧客が不用意に巨額の借金を背負わされるおそれがあるからです。

◎ 手付解除の仕組み

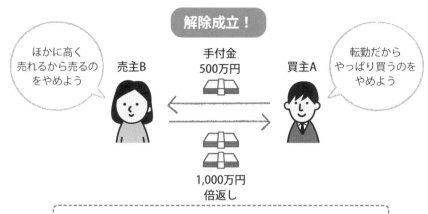

解除成立！

ほかに高く
売れるから売るの
をやめよう

売主B

手付金
500万円

買主A

転勤だから
やっぱり買うのを
やめよう

1,000万円
倍返し

- 買主Aは手付金（500万円）を放棄して解除できる
- 売主Bは手付金の倍額（1,000万円）を払って解除できる
  （預かった手付金500万円に自腹の500万円を足して計1,000万円）

◎ 手付貸与等の禁止のポイント

| 手付貸与等の禁止 | 宅建業者は、手付について相手方に貸し付けるなど信用を供与して、契約の締結を誘引してはならない |

| 信用の供与にあたる場合 | ・手付の貸付け、立替え
・手付の分割払い、後払い
・手付の約束手形での受領
・手付予約をした場合に、宅建業者がその予約債務の保証をすること |

| 信用の供与にあたらない場合 | ・手付金の減額
・手付に関する銀行との間の金銭の貸借のあっせん |

宅建業者間の取引にも
適用があり、違反したら、
業務停止処分や罰則も
あります

02 売買契約書「37条書面」の内容は？

貸借で記載が不要なものをおさえることが
試験のポイントです

　手付金を払うと同時に、通常は売買契約書が作成されます。宅建業法は37条で、売買契約の際に所定の事項を記載した書面（電磁的方法も可）を当事者に渡さなければならないというルールを定めています。この書面は「37条書面」と呼ばれ、契約書がその役割を果たしているのが一般的です。

　37条書面のポイントを、122ページで取り上げた**重要事項説明書（35条書面）**と比較しながら右ページの表にまとめています。

貸借で記載が不要なものをおさえる

　記載事項について注意を要するのは、②代金・交換差金・借賃の額・支払時期・支払方法、③宅地または建物の引渡しの時期、④移転登記の申請の時期が、35条書面では記載不要（×）であるのに対して、37条書面では必ず書かなければいけない（○）ことになっている点です。このように記載が必要となる事項を**必要的記載事項**といいます。また、「△」は定めていれば書くものであり、**任意的記載事項**といいます。必要的記載事項、任意的記載事項いずれに関しても、**貸借で記載が不要なものはおさえておく必要があります**。

　まず、④移転登記の申請の時期は、貸借ではそもそも移転登記をしないので不要です。⑥契約不適合責任は、もっぱら売買で問題になるものなので不要になります。⑦租税その他の公課の負担は、具体的には固定資産税の精算の話です。貸借では固定資産税の精算を行う必要がないので不要です。⑪代金・交換差金についての金銭の貸借のあっせんとはローンのことです。貸借ではローンを組まないので不要です。⑫契約不適合責任の履行に関して講ずべき保証保険契約の締結その他の措置は、契約不適合責任を確実に果たさせることを目的としたものです。前述のように契約不適合責任はもっぱら売買で問題になるので、それに関連する制度の記載も貸借では不要になります。

◎ 37 条書面と 35 条書面の比較①〜概要

	37条書面	35条書面
方式	宅建士の説明は不要	宅建士の説明が必要
交付時期	契約が成立した後遅滞なく	契約が成立するまでに
交付の相手	契約の両当事者	買主・借主・交換の両当事者

35条書面は相手が宅建業者の場合は書面の交付は必要ですが、説明は不要です

※宅建士の記名はどちらも必要。また、交付場所はどちらも規制がない
※どちらも、承諾があれば、書面の交付に代えて電磁的方法により提供することができる

◎ 37 条書面と 35 条書面の比較②〜記載事項

	37条書面	35条書面
①既存建物であるときは、建物の構造耐力上主要な部分等の状況について当事者の双方が確認した事項※	○（貸借なら不要）	×
②代金・交換差金・借賃の額・支払時期・支払方法	○	×
③宅地または建物の引渡しの時期	○	×
④移転登記の申請の時期	○（貸借なら不要）	×
⑤天災その他不可抗力による損害の負担（危険負担）に関する定めの内容	△	×
⑥契約不適合責任の定めの内容	△（貸借なら不要）	×
⑦租税その他の公課の負担に関する定めの内容	△（貸借なら不要）	×
⑧契約の解除の定めの内容	△	○
⑨損害賠償額の予定・違約金の定めの内容	△	○
⑩代金・交換差金・借賃以外の金銭の額・授受時期・授受目的	△	○（授受時期は記載不要）
⑪代金・交換差金についての金銭の貸借のあっせんに関する定めがあるときは、その不成立のときの措置	△（貸借なら不要）	○（貸借なら不要）（あっせんの内容についても記載必要）
⑫契約不適合責任の履行に関して講ずべき保証保険契約の締結その他の措置についての定めの内容	△（貸借なら不要）	○（貸借なら不要）（措置を講ずるかどうか、講ずる場合の措置の概要）

37条書面の「必ず記載（○）」と「定めがあれば記載（△）」はよくチェックしておきましょう

○ 必ず記載　△ 定めがあれば記載　× 記載不要
※35条書面においては既存建物状況調査を実施しているかどうか、および建物貸借の場合を除きこれを実施している場合におけるその結果の概要と建物の設計図書などの保存状態を記載

一般の買主を保護するための 「8種制限」

業者間の売買や買主が業者の場合には
適用されません

　売買契約において、売主が宅建業者、買主が宅建業者ではない一般人の場合には、「自ら売主制限」と呼ばれる制限が課されます。宅建業者は不動産のプロであり、経験や知識の面において一般人よりも圧倒的に優位な立場にあります。宅建業者が売主の場合には、そのような立場を利用して、契約を自らに有利な内容にしたり、キャンセルしにくい特約などを加える可能性があるので、一般人の買主を保護するために、「8種制限」と総称される8つの制限が定められました。その中身については次項から見ていくとして、ここでは「自ら売主制限」が課されない具体的なケースを確認しておきましょう。

　まず、**売主が宅建業者、買主も宅建業者の場合には、「自ら売主制限」の適用はありません。**互いにプロ同士であり条件は五分五分といえるからです。

　また、売主が宅建業者ではなく買主も宅建業者ではない場合、つまり一般人同士の売買を宅建業者が媒介する場合にも、「自ら売主制限」は課されません。

売主が一般人で買主が宅建業者の場合にも適用はない

　さらに、**売主が一般人で、買主が宅建業者の場合にも、やはり「自ら売主制限」の適用はありません。**

　これに関しては一方がプロであることから、適用があるのではと思う人もいるかもしれません。しかし、この場合にもし「自ら売主制限」を適用することになれば宅建業者を保護することになるわけですが、そもそもそうした保護は宅建業者には不要なものです。たとえば、次項で説明するクーリング・オフの権利をプロである宅建業者に行使させるのはおかしいからです。自ら売主制限は一般の買主を保護する制度なのです。

◎ 自ら売主制限とは?

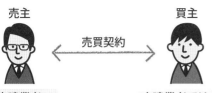

売主		買主
	売買契約	
宅建業者		宅建業者ではない

取引に慣れていない
一般消費者を守る
ためのルールです

売主が宅建業者、買主が
宅建業者ではない場合には
8種制限が適用される

◎ 8種制限の内容

❶ クーリング・オフ
❷ 損害賠償額の予定等の制限
❸ 手付金の額・性質の制限
❹ 手付金等の保全措置
❺ 自己の所有に属しない物件の契約締結制限
❻ 契約不適合責任の特約の制限
❼ 割賦販売契約の解除等の制限
❽ 所有権留保等の禁止

◎ 自ら売主制限の適用がある場合、ない場合

売主	買主	自ら売主制限の適用
宅建業者	宅建業者ではない	適用あり
宅建業者	宅建業者	適用なし
宅建業者ではない	宅建業者ではない	
宅建業者ではない	宅建業者	

「自ら売主制限」はあくまでも売主が宅建業者、買主が一般人の場合にのみ適用されるという点をしっかりと認識してください。仲介業者が入るか入らないかは無関係です

撤回や解除を可能とする クーリング・オフ

売主の業者の事務所やモデルルームでは
クーリング・オフができません

　では8種制限の中身を、1番目の「クーリング・オフ」から見ていきましょう。クーリング・オフとは、一定の場合に一定期間の申込みの撤回や契約の解除を認める制度です。不動産のクーリング・オフに関しては原則、宅建業者の事務所以外の場所で申込み、契約をした場合に認められています。宅建士試験では、この原則を前提としてクーリング・オフをできない場合、具体的には「クーリング・オフができない事務所等」の意味が問われます。

　右ページの下のように、まずは「❶売主の宅建業者の事務所」があげられます。また、「❷土地に定着しかつ専任の宅建士の設置義務のあるもの」とは、**モデルルーム**です。モデルルームでも、申込み、契約の予定がある場合は宅建士を1人以上置かなければいけないという規定があります。そのような案内所（モデルルーム等）の場合は、クーリング・オフができない事務所等になります。

喫茶店で契約をした場合にはクーリング・オフが可能

　また、「❸媒介・代理業者の上記❶❷の場所」は、売主の宅建業者の事務所、案内所だけでなく、**媒介や代理を行う宅建業者の事務所、案内所でもクーリング・オフができない**ことを意味します。ただ、媒介・代理業者とは無関係な不動産業者の事務所などの場合はクーリング・オフができます。

　さらに、「❹買主（申込者）から申し出た場合の、買主（申込者）の自宅・勤務先」です。これは宅建業者の営業担当を自宅や勤務先に呼んで申し込み、契約をした場合です。営業担当をわざわざ呼び出して契約した場合にまでクーリング・オフを認める必要はないということでしょう。注意すべきは「**自宅・勤務先**」のみという点です。買主が申し出たとしても、取引先の銀行や喫茶店で契約をしたような場合にはクーリング・オフが可能になります。

◎ クーリング・オフのポイント

要件	原則	宅建業者が自ら売主となる宅地・建物の売買契約において、「事務所等」以外の場所で、契約の申込みまたは契約の締結をした者は申込みの撤回・契約の解除（クーリング・オフ）をすることができる
	例外	①宅建業者からクーリング・オフができる旨およびその方法を書面で告げられた日から起算して8日経過した場合は、クーリング・オフができなくなる ②物件の引渡しを受け、かつ代金全額を支払った場合は、クーリング・オフができなくなる
方法		必ず書面で行わなければならない
効果		①クーリング・オフをする旨の書面を発したときに効力が生じる ②クーリング・オフをされた宅建業者は、手付金等、受領した金銭を速やかに返還しなければならず、また、損害賠償請求や違約金の支払の請求をすることができない
特約		クーリング・オフの規定に反する特約で、買主に不利なものは無効である

> 相手方に到達しなくても効力が生じます

◎ クーリング・オフができない「事務所等」

❶ 売主の宅建業者の事務所

❷ 土地に定着しかつ専任の宅建士の設置義務のあるもの
  ・継続的に業務を行うことができる施設を有する場所で、事務所以外の場所
  ・案内所（モデルルーム等）
  ・一定の催し物会場

❸ 媒介・代理業者の上記❶❷の場所

❹ 買主（申込者）から申し出た場合の、買主（申込者）の自宅・勤務先

> ただし、宅建士が設置されていたとしても、テント張りの案内所の場合には「土地に定着し」に該当しないので、クーリング・オフが可能です

> 代理・媒介業者の事務所や案内所もできません

 ワンポイント

申込みの場所と契約締結の場所が異なる場合

申込みの場所と契約締結の場所が異なる場合は、申込みの場所で判断します。たとえば、申込みが事務所で、契約締結が「事務所等」以外の場所であった場合には、クーリング・オフができません。

05 損害賠償額の取決めには上限がある

自ら売主制限❸

重要度 ★★★

損害賠償額と違約金の合計額は
代金の10分の2を超えることができません

　2番目は「損害賠償額の予定等の制限」です。損害賠償額の予定とは、万が一、債務不履行があったときに、つまり契約の約束が破られたときに、損害賠償金としていくらのお金を支払うのか、あらかじめ取り決めておくことです。また、契約の際に違約金を定めることもありますが、損害賠償額の予定と趣旨は同じと考えてください。

　この損害賠償額の予定と違約金の取決めをした場合、売主が宅建業者で買主が一般人のときには、合算して**代金の10分の2**を上限とするルールがあります。要は、損害賠償額と違約金の合計額は代金の10分の2を超えてはならないということです。たとえば代金が1,000万円の場合なら、両者の合計額は200万円以下でなければなりません。

　このような制限が設けられている理由は、宅建業者と一般人のどちらが債務不履行をする可能性が高いのかを考えればわかります。宅建業者はプロであり仕事として不動産の売買を行っているのですから、物件を引き渡せない可能性は低いはずです。一方、一般人は過失等により代金の支払が遅れる可能性は十分にあります。にもかかわらず、損害賠償金額を過度に高く設定することを認めるのは公正を欠くといえるので、上限が設けられているのです。

10分の2を超えた場合、すべてが無効になるわけではない

　損害賠償額の予定等の制限に反した場合には、たとえば損害賠償額と違約金の合計額が代金の10分の3や10分の5などになった場合には、**超える部分のみが無効**となります。損害賠償額の予定等の特約自体がすべて無効になるわけではなく、10分の2の部分までは有効である点をおさえてください。

　なお、損害賠償額の予定等を定めていない場合には、10分の2という上限はなくなり、実際の損害額を証明して請求することもできます。

◎ 損害賠償額の予定等の内容

損害賠償額の予定等	宅建業者が自ら売主となる売買契約を結ぶ場合、債務不履行を理由とする契約の解除にともなう損害賠償額の予定または違約金を定めるときは、これらを合算して代金額の10分の2を超えてはならない
超えた場合	超えた部分が無効となる

◎ 損害賠償額の予定等の例

❶ 10分の2を超えない場合

代金が1,000万円

・損害賠償額の予定（100万円）
・違約金（100万円）

損害賠償の予定と違約金の合計額は200万円であり、10分の2を超えていないので、OK

200万円　有効

---

❷ 10分の2を超えた場合

代金が1,000万円

・損害賠償額の予定（100万円）
・違約金（150万円）

損害賠償の予定と違約金の合計額は250万円であり、10分の2を超えているので制限に反している。ただし、無効になるのは200万円を超えている部分（50万円）のみ

200万円　有効

50万円　無効

予定をしていない場合は上限なく実損額の請求になります

手付金の特徴とは？

金額の上限や解約手付としての性質、
保全措置等が定められています

　3番目は「手付金の額・性質の制限」です。手付金の額は、当事者間で自由に取決めができます。ただし、売主が宅建業者、買主が一般人の場合は手付金の額が**10分の2**までという上限が定められています。キャンセル料が高すぎると買主がキャンセルをしづらくなるため、このような制限が設けられています。上限を超えた場合には、超えた部分が無効になります。

　手付金の性質は常に**解約手付**となり、買主に不利な特約は無効となります。

保全措置が行われなければ手付金を払わないでよい

　4番目は「手付金等の保全措置」です。これは、手付金等が返還されることになった場合に確実にその実現が図られるよう、①銀行等の保証委託契約、②保険事業者との保証保険契約、③指定保管機関との手付金寄託契約のうちいずれかを行うことを宅建業者に義務づけたものです。万が一、宅建業者が夜逃げするようなことがあっても、①の場合には銀行が保証人として代わりに返金してくれます。また、②の場合には手付金に相当する額が保険金として支払われます。さらに、③の場合には、保証協会や民間の金融機関に手付金が保管されているのでそれがそのまま返還されます。なお、③の手段は未完成物件の場合には、保管期間が過度に長くなるおそれがあるため選択できないと考えてください。

　宅建業者がこれらの保全措置を講じない場合には、買主は手付金や代金の支払を拒めます。ただし、買主名義の登記がされたときは保全措置は不要です。買主が物件の登記を得れば、手付金を返金する必要性がなくなるからです。また、手付金が少額の場合も不要です。**少額とは、未完成物件の場合は1,000万円以下かつ代金の5％以下、完成物件の場合は1,000万円以下かつ代金の10％以下**です。この違いも要注意です。

◎ 手付金の額・性質の制限のポイント

| 手付金の額 | ・代金額の10分の2までに制限
・制限を超える場合は、超えた部分が無効となる |

| 手付金の性質 | ・常に解約手付となる
・手付に関して買主に不利となる特約は無効となる |

◎ 手付金等の保全措置のポイント

原則	宅建業者は、保全措置を講じなければ、引渡し前に手付金等を受領することができない
例外	①買主に登記をしたときは保全措置不要 ②手付金等が少額の場合は保全措置不要 　未完成物件の場合は1,000万円以下かつ代金の5％以下 　完成物件の場合は1,000万円以下かつ代金の10％以下
保全措置の方法	・未完成物件（銀行等との保証委託契約、保険事業者との保証保険契約） ・完成物件（銀行等との保証委託契約、保険事業者との保証保険契約、指定保管機関との手付金等寄託契約）

保全措置は手付金の受領前に行う義務があります

◎ 手付金等の意味

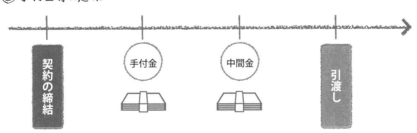

契約の締結　手付金　中間金　引渡し

「手付金等」とは契約締結後、物件の引渡しまでに授受される金銭で、名目のいかんを問わず代金に充当されるものを指します

引渡しと同時の支払は、保全措置が不要です

07 自ら売主制限❺

重要度 ★★★

自己所有でない物件の契約締結制限

宅建業者が売主で一般人が買主の場合、他人物売買は認められません

　5番目は「自己の所有に属しない物件の契約締結制限」です。50ページで触れたように、民法では他人物売買は有効でした。したがって、他人の物件を売る契約を結んでも本来は問題ないはずです。

　しかし、宅建業者が売主で一般人が買主の場合は、他人物売買は認められていません。つまり、**確実に物件を仕入れてからでなければ売買契約を結んではならないルール**になっています。

　もし、買主を先に確保してから物件を仕入れることを認めてしまうと、宅建業者の多くがそうするはずです。売れ残りのリスクを避けられるからです。しかし、その場合、万が一仕入ができなければ、買主は購入した物件を入手できなくなります。このように宅建業者側のリスクを一般人の買主に転嫁するのは適切ではないため、宅建業者の他人物売買は禁じられています。

停止条件付売買契約の場合には契約を締結できない

　この契約締結制限のルールでは、他人の物件の売買契約だけでなくその予約もしてはならないことになっています。

　一方で、物件を取得する契約が成立している場合はもちろん契約が予約されている場合も仕入ができているとみなされます。つまり、物件を一般人の買主に売る契約を結ぶことが可能になります。しかし、**停止条件付売買契約**の場合には、仕入はまだ終わっていないとみなされます。「停止条件」とは要するに条件と同じです。たとえば、物件の売主が「アメリカへの転勤が決まったら売ります」と宅建業者と約束しているようなケースです。宅建業者が物件を仕入れることができるか否かは、売主の転勤が決まるか否かに左右されるわけであり、このようなあやふやな状況では、一般人を買主とする売買契約を結ぶことを認めることはできないとされています。

◎ 自己所有でない物件の契約締結制限

原則 宅建業者は、自己の所有に属しない物件について、自ら売主となる売買契約（予約を含む）を締結してはならない

例外 宅建業者が所有者との間で物件を取得する契約（予約を含む）を締結しているときなど、宅建業者が物件を取得できることが明らかな場合は、売買契約を締結することができる。
ただし、宅建業者が物件を取得する契約が停止条件付きの契約である場合は、原則に戻って売買契約は禁止される

◎ 停止条件付売買契約の場合は売買契約が禁止される

アメリカに転勤するので売ります

所有者A

契約（予約）

売るかどうか決まっている

宅建業者B

契約可

非宅建業者C

停止条件付売買契約だと仕入があやふやなのに対して、予約は仕入が確定していると考えるのですね

アメリカに転勤したら売ります

所有者A

物件の仕入ができるかどうかがあやふや

停止条件付売買契約

宅建業者B

契約不可

非宅建業者C

08 自ら売主制限❻

重要度 ★★★

契約不適合責任の特約には制限がある

ただし、「引渡しの日から2年」
という特約は有効です

6番目は「契約不適合責任の特約の制限」です。契約不適合責任は、50ページで解説したように不動産に欠陥があった場合に、買主が売主に対して追及できる責任です。民法では、欠陥を**知ったときから1年以内に通知する**という契約不適合責任の通知期間が定められていますが、当事者間の合意でこの期間を短くすることができ、さらには責任を負わない特約も可能です。

しかし、売主が宅建業者で買主が一般人の場合には、契約不適合責任を免除したり通知期間を民法の規定よりも短縮するような買主に不利な特約は無効となります。契約不適合責任を軽減する特約は一般人の買主に著しい不利益をもたらす危険性があるためです。

特約が無効となれば民法の規定に戻る

ただし、この特約の制限には例外があります。まず、契約不適合責任の通知期間を、**物件の引渡しの日から2年以上**と定める特約は有効です。引渡しは物件の鍵を渡したときとイメージしてください。仮に「引渡しの日から2年」と定めた場合には「知ったときから1年」よりも通知期間が短くなる可能性もありますが、鍵が渡されれば物件の欠陥に気づき得る状態になります。その気づき得る状態になってから2年間何もなければ責任を免除してもまあよいだろう、ということです。

このように、通知期間を「引渡しの日から2年」という特約は有効ですが、「引渡しの日から1年」などと2年を下回る期間に設定した場合、その特約は無効です。そして**無効となった場合は、民法の原則に戻り**、契約不適合責任の通知期間は「知ったときから1年」になります。ただし、1年以内に通知をしても、不適合を知ったときから5年以内、または引渡しから10年以内に権利を行使しないと時効になり、権利を行使できなくなります。

◎ 契約不適合責任の特約の制限

原則
- 民法の規定より買主に不利となる特約をしてはならない
  ［民法の契約不適合責任の規定］
  〈権利の内容〉 損害賠償請求権、契約の解除請求権、追完請求権、
  　　　　　　　　代金減額請求権
  〈権利の行使期間〉 買主が契約不適合を知ったときから
  　　　　　　　　　　1年以内に通知
  〈売主の故意・過失〉不要（無過失責任。ただし損害賠償は過失責任）
- 不利な特約は無効となり、民法の原則に戻る

例外
契約不適合責任の通知期間を「引渡しの日から2年以上」とする
特約は有効

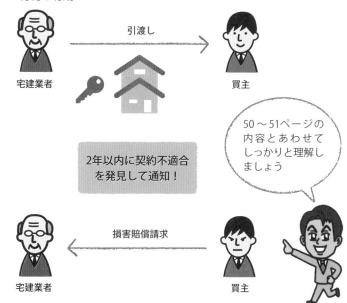

引渡し

宅建業者　　　　　　　　買主

50〜51ページの
内容とあわせて
しっかりと理解し
ましょう

2年以内に契約不適合
を発見して通知！

損害賠償請求

宅建業者　　　　　　　　買主

◎ 民法の規定より買主に不利な特約の具体例

具体例	買主に不利な理由
売主は契約不適合について過失がある場合にのみ契約不適合責任を負う	無過失責任に反するため
買主は契約不適合の修補は請求できても、解除はできない	解除権を認める民法の規定より不利になる
契約不適合責任の通知期間は目的物の引渡しの日から1年とする	契約不適合を知ったときから1年よりも通知期間が短くなるおそれがある

割賦販売契約の解除制限と
所有権留保等の禁止

賦払金の支払が遅れた場合は
書面での催告が必要となります

7番目は「割賦（かっぷ）販売契約の解除等の制限」です。

まず、割賦販売とは分割払いで販売することであり、買主が売主に対して分割で払う各回の支払金を賦払金（ふばらいきん）といいます。この賦払金の支払が遅れた場合、売主である宅建業者は、**30日以上の相当期間を定めて**、**書面で支払**を**催告**し、この期間内に支払がないときでなければ、残りの賦払金を全額請求したり、契約を解除することができません。

民法でも催告に関するルールがあり、相当期間を定めることが求められていますが、30日以上という具体的な数字は示されていません。また、書面で行うことも義務づけられていません。

所有権留保等の禁止は「10分の3」を覚える

8番目は「所有権留保等の禁止」です。

所有権留保とは、所有権の登記を買主に移転せず、売主の元にとどめておくことです。宅建業者が売主となる割賦販売の場合、所有権留保を行うことは許されず、物件を引き渡す前までに原則として登記その他の義務を履行しなければなりません。**売主に買主への早期の登記移転等を促すのが所有権留保等の禁止の趣旨**になります。

とはいえ、代金を全く、あるいはほとんど受け取っていない段階で登記を移させるのは、たとえ宅建業者が売主であるとしても酷といえます。

そこで、支払を受けた金銭が、代金の**10分の3以下**であるときは所有権留保が認められています。逆にいえば、10分の3を超えているときは、登記を買主に移転しなければならないわけです。

所有権留保等の禁止が宅建士試験で出題された場合には、この「10分の3」という数字を覚えてさえいれば十分に対応できるでしょう。

◎ 割賦販売契約の解除等の制限

履行遅滞（民法の場合）

早く支払って
ください

口頭でOK

債権者　　　　　　　　　債務者

割賦販売契約と
住宅ローンは
違うんですね

解除するためには「相当の期間」を
定めて履行の催告をすることが必要

宅建業者が自ら売主となる割賦販売契約について賦払金の支払がない場合

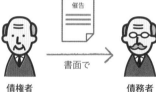

催告

書面で

債権者　　　　　　　　　債務者

契約解除するためには「30日以上
の相当期間」を定めて「書面」で
支払の催告をすることが必要

◎ 所有権留保等の禁止のポイント

原則	宅建業者が自ら売主となる割賦販売を行った場合には、物件の引渡しまでに、登記その他の売主の義務を履行しなければならない
所有権留保が認められる場合	❶宅建業者が受け取った割賦金の支払額が代金額の10分の3以下の場合 ❷買主が、残代金を担保するための抵当権等の登記を申請したり、残代金を保証する保証人を立てたりする見込みがない場合

「10分の3」は試験
に出ます。暗記して
しまいましょう！

10 品確法と住宅瑕疵担保履行法とは？

宅建業者には10年間の瑕疵担保責任と
保証金等の供託が求められます

「自ら売主制限」との関係でおさえておきたい法律として、住宅の品質確保の促進等に関する法律（以下、**品確法**）と特定住宅瑕疵担保責任の履行の確保等に関する法律（以下、**住宅瑕疵担保履行法**）があります。

品確法のポイントは新築住宅の売主に、建物の主要な部分等に関する欠陥について、引渡しから**10年間の瑕疵担保責任**を負わせていることです。

そして、住宅瑕疵担保履行法は、売主が宅建業者で、買主が一般人の場合に、この品確法で定められた瑕疵担保責任が確実に履行されることを図って定められた法律になります。住宅の欠陥に気づき報酬返還請求権等を行使しても、売主である宅建業者に十分な資力がなければ買主は保護されません。それを防ぐため、住宅瑕疵担保履行法では、宅建業者が一般人に新築住宅を販売した場合には、保証金（住宅販売瑕疵担保保証金）の**供託**または**保険**（住宅販売瑕疵担保責任保険）への加入を義務づけています。

届出を行わなかった場合には新たな売買ができなくなる

また、宅建業者は保証金等に関する情報を、契約を締結するまでの間に、買主に提供しなければなりません。具体的には、保証金を供託している供託所の所在地等について、書面を交付して説明しなければなりません。

さらに、**資力確保措置の状況の届出**も行う必要があります。基準日前10年間に引き渡した件数に応じた住宅瑕疵担保履行法の義務をしっかりと実行していることを免許権者に伝えるわけです。届出は契約ごとではなく基準日ごとに行います。基準日は**3月末**と決まっています。届出の期間は**基準日から3週間以内**です。この3週間以内という数字は覚えておいてください。**届出をしなかった業者には、基準日の翌日から50日を経過した日以後は新たな売買ができない**というペナルティが課されます。

◎ 品確法のポイント

規制を受ける者	新築住宅の売主
責任の対象となる瑕疵	①構造耐力上主要な部分 ②雨水の浸入を防止する部分
責任の内容 （瑕疵担保責任）	①損害賠償請求 ②解除（契約をした目的を達することができないとき） ③瑕疵修補請求 ④代金減額請求
責任期間	引き渡したときから10年間
特約	買主に不利な特約は無効

> 新築住宅とは、①建設工事完了の日から1年を経過しておらず、②まだ人の居住の用に供したことのない住宅です

> 特約で20年まで伸長可能です

◎ 住宅瑕疵担保履行法のポイント

適用範囲	宅建業者が自ら売主として、宅建業者でない者に新築住宅を販売する場合
課される義務※	資力確保措置。具体的には、①住宅販売瑕疵担保保証金の供託、または②住宅販売瑕疵担保責任保険への加入
情報提供	宅建業者は、自ら売主となる新築住宅の買主に対して、売買契約を締結するまでに、保証金を供託している供託所の名称や所在地等について、書面を交付して説明しなければならない（買主の承諾があれば、電磁的方法で提供することも可能）
責任期間	引き渡したときから10年間
資力確保措置の状況の届出	新築住宅を引き渡した宅建業者は、基準日ごとに、保証金の供託および保険契約の締結の状況について、基準日から3週間以内に、免許権者に対して届出をしなければならない。この届出をしない宅建業者は、基準日の翌日から50日以後は、新たに自ら売主となる新築住宅の売買契約を締結してはならない
取戻し	供託した保証金が基準額を超えることとなった場合、免許権者の承認を受けて超過額の取戻しができる

> 特約で20年間まで伸長可能です

> 供託と保険は併用もOKです

※保証金の供託は、各基準日から3週間を経過する日までの間に行えばよい

11 監督・罰則❶

重要度 ★★☆

宅建業法違反で受ける監督処分とは？

免許取消処分を免許権者しか
行えないことは大事なポイントです

　宅建業法に違反して契約を行った場合、監督処分を受けることがあります。監督処分とは、免許権者等が宅建業者や宅建士に対して行う処分です。

　監督処分には、「宅建業者に対する監督処分」と「宅建士に対する監督処分」それぞれに３種類ずつあります。まず宅建業者に対しては、**指示処分、業務停止処分、免許取消処分**です。一方、宅建士に対しては指示処分、事務禁止処分、登録消除処分です。わかりやすくいえば、指示処分とは怒られること、業務停止処分と事務禁止処分は謹慎を命じられること、免許取消処分と登録消除処分は資格が取り消されることです。

　このうち、免許取消処分と登録消除処分に関しては、**免許権者**もしくは登録をしている**都道府県知事のみ**が行えます。その他の者はすることができません。たとえば国土交通大臣が、東京都知事の宅建業者免許を取り消すことはできません。**大臣でも免許権者でなければ取消処分ができない**という点は、非常に大事な点なので注意してください。

　また、宅建業者への処分の際には官報や県の広報などでその旨の公告が行われますが、指示処分については公告が不要です。

監督処分では事前に公開による聴聞を行うのが原則

　さらに、**監督処分の場合には、事前に公開による聴聞を行うのが原則**です。聴聞は、簡単にいえば言い訳の機会を与える手続です。不利益な処分をするのだから、言い訳があれば聞いてあげよう、というのが趣旨です。なお、右ページ下の表に示したように公開による聴聞が不要となる場合があります。要するに宅建業者が行方不明になった場合ですが、聴聞を行いようがないためすぐに免許を取り消すことができます。また、**指示処分のような比較的軽い処分の場合でも、聴聞が必要になる**点もおさえておきましょう。

◎ 宅建業者に対する監督処分

	免許権者	業務地を管轄する都道府県知事	公告	宅建業者名簿に処分の年月日と内容を記載
指示処分	○	○	不要	有
業務停止処分 （1年以内）	○	○	必要	有
免許取消処分	○	×	必要	―

○ 処分可　× 処分不可

◎ 宅建士に対する監督処分

	登録をしている都道府県知事	業務地を管轄する都道府県知事
指示処分	○	○
事務禁止処分 （1年以内）	○	○
登録消除処分	○	×

○ 処分可　× 処分不可

◎ 聴聞制度

原則　監督処分を行おうとするときには、事前に公開による聴聞を行わなければならない

例外　❶宅建業者の事務所の所在地を確知できないことを理由に免許を取り消す場合
❷宅建業者の所在（法人の場合はその役員の所在）を確知できないことを理由に免許を取り消す場合
→❶❷の場合は聴聞が不要

> 罰則とは異なり、どのような宅建業法違反に対しても監督処分が行われる可能性があると考えてよいでしょう

罰則は刑事罰と
行政罰に分かれる

宅建業法に違反しても
罰則が科されない場合も多いといえます

　宅建業法違反に対するペナルティとしては、監督処分のほかに罰則もあります。罰則には、右ページの表にまとめたように**刑事罰**と**行政罰**があります。刑事罰は、刑事裁判の手続を経て科される罰則です。一方、宅建業法における行政罰は、裁判とは異なる手続によって科される罰則になります。

　罰則で重要なポイントについて触れると、まず、**監督処分とは異なり、宅建業法に違反しても罰則を科されない場合が多い**点に注意してください。たとえば、「(4) 6 カ月以下の懲役もしくは 100 万円以下の罰金または両者の併科」に「②誇大広告等の禁止違反」があげられています。広告に関する業法の規定に違反して罰則が科されるのはこの場合だけです。その他の広告絡みの違反の場合には、たとえば広告開始時期の制限や取引態様の明示義務に違反した場合には罰則がありません。また、「(6) 50 万円以下の罰金」では、帳簿や従業者名簿など 24 ページで触れた "5 点セット" が備付け等されていない場合があげられています。「②従業者に従業者証明書を携帯させずに業務に従事させた」ことも罰則の対象となりますが、従業者証明書を携帯していない従業者自身に対しては罰則がありません。**罰則を受けるのは宅建業者のみ**である点をおさえてください。

宅建士証を示さなくても罰則はない

　行政罰に関しては、宅建士が対象となる「③重要事項の説明の際における宅建士証の提示義務違反」という点に注意を要します。重要事項の説明をするときには顧客に求められなくても、宅建士証を提示しなければ罰則があります。ただし、重要事項の説明をする場面でなければ、たとえ相手から求められたとしても、宅建士証を示さなくても罰則はありません。

◎ 罰則のまとめ

刑事罰	(1) 3年以下の懲役 もしくは300万円以下の罰金 または両者の併科	〈宅建業者〉 ①不正の手段による免許取得 ②名義貸しをして他人に営業させた ③業務停止処分に違反して営業 〈宅建業者以外の者〉 無免許営業
	(2) 2年以下の懲役 もしくは300万円以下の罰金 または両者の併科	〈宅建業者〉 重要な事項の不告知・不実告知の禁止違反
	(3) 1年以下の懲役 もしくは100万円以下の罰金 または両者の併科	〈宅建業者〉 不当に高額の報酬を要求
	(4) 6カ月以下の懲役 もしくは100万円以下の罰金 または両者の併科	〈宅建業者〉 ①営業保証金供託の届出前に事業を開始 ②誇大広告等の禁止違反 ③不当な履行遅延の禁止違反 ④手付の貸与等による契約締結の誘引の禁止違反
	(5) 100万円以下の罰金	〈宅建業者〉 ①免許申請書等の虚偽記載 ②名義貸しをして他人に営業表示・広告をさせた ③専任の宅建士の設置要件を欠く ④報酬の限度額を超える報酬を受領 〈宅建業者以外の者〉 無免許で、宅建業者として営業表示・広告をした
	(6) 50万円以下の罰金	〈宅建業者〉 ①帳簿や従業者名簿の備付け義務違反・記載不備・虚偽記載 ②従業者に従業者証明書を携帯させずに業務に従事させた ③標識の掲示義務違反 ④報酬額の掲示義務違反 ⑤変更の届出・案内所等の届出・信託会社の営業の届出を 　怠ったり、虚偽の届出をした ⑥37条書面の必要な記載・記名押印・交付を怠った ⑦守秘義務違反 ⑧国土交通大臣・知事から報告を求められて報告しなかった、 　または虚偽の報告をした ⑨国土交通大臣・知事の立入検査の拒否・妨害・忌避 〈宅建士〉 国土交通大臣・知事から報告を求められて報告しなかった、 または虚偽の報告をした 〈宅建業者の従業者・従業者であった者〉 守秘義務違反
行政罰	10万円以下の過料	〈宅建士〉 ①登録消除・宅建士証失効による宅建士証の返納義務違反 ②事務禁止処分による宅建士証の提出義務違反 ③重要事項の説明の際における宅建士証の提示義務違反

法人に対しても罰金が科される両罰規定もあります

コラム 再受験を志したら勉強を早めに再開する

　一生懸命努力して、頑張って勉強したにもかかわらず、再受験という残念な結果になる人もいるでしょう。

　再受験の注意点に触れると、まず**勉強はできるだけ早めに再開する**ことです。1点差、2点差のギリギリで落ちてしまったような人だと、精神的ダメージが大きく、どうしてもすぐには勉強する気になれないかもしれません。しかし、ズルズルと勉強しないままでいると、せっかく覚えたことを忘れてしまいます。おそらく半年もたてばほとんど記憶に残っていないはずです。そのため、少しずつでも構わないので、なるべく早く勉強を再スタートすることを意識しましょう。

　また、再受験の勉強を始めるにあたっては、**なぜだめだったのか、原因をきちんと分析**しましょう。単なる勉強不足であれば、勉強をすればよいだけです。しかし、合格に十分なほど勉強をしていたのに落ちたのであれば、何かしらの原因があるはずです。その原因がわからないまま、ただ漠然と勉強をしていたら、たとえ直前の模擬試験の成績がよかったとしても「また、昨年のように失敗するのではないか」と不安が胸をよぎるおそれがあります。

　だからこそ、**何ができず、どこがいけなかったのか、間違った問題を見直してしっかりと分析**しましょう。落ちた試験の問題を見直すのは気が進まないかもしれませんが、失敗を糧にするという強い気持ちをもつことが大切です。そして、問題文を読み込めていなかった、ケアレスミスがあったなど、不正解の理由がわかったら、その分析をもとに対策を立てましょう。たとえば、アシを2つに絞れていたのに間違えたのであれば過去問の勉強が不足しているのかもしれません。過去問を繰り返すことで、「このアシは過去に何度も出ている。そうか、これを覚えておけば、次は解けるぞ」など、合格につながる気づきが得られるはずです。

第 **7** 章

契約上の
重要知識

実務では既存のひな型に沿って契約を結ぶ
ことが多いですが、それは特約がほとんど
です。そもそもベースとなる民法はどのよ
うになっているのか、最低限のことを知っ
ておきましょう。

01 契約における原則とは？

内容は自由で、意思の合致があれば
契約は成立します

　本章では、契約を行ううえで必要となる民法の重要な知識について解説していきます。

　まず、民法には**契約自由の原則**という基本的な原則があります。契約に関してはその中身や相手などを当事者が自由に決められるというルールです。民法では、この原則により、たとえば手付金の額を自由に決めることができます。それに対して、宅建業法では、154ページで触れたように売主が宅建業者、買主が一般の人であれば手付金の額の上限が2割に制限されています。つまり、宅建業法によって契約自由の原則が修正されているわけです。

　また、**契約は基本的に当事者の意思の合致さえあれば成立**します。売買契約であれば、売買代金等の様々な条件に関する交渉を経て、売主の「売ります」、買主の「買います」という意思が合えば、契約書がなくても契約は成立するのです。

契約書は後日の証拠にするために作成されている

　もっとも、**不動産の売買契約では、契約書を作るのが当たり前となっています**。それはなぜかというと、後で契約が守られなかったときに「売ったはずだ」「いや、売った覚えはない」などというように、水掛け論になるのを防ぐためです。つまり、契約書は後日の証拠にするために作成されているのです。また、宅建業法では37条書面の作成が義務づけられているため、契約書によって37条書面を兼ねているところもあります。

　なお、**不動産の所有権も、基本的に意思が合致した時点で、つまり契約の成立時に移転**します。もっとも実際の取引では、特約によって、「買主が代金全額を支払ったときに所有権を移転する」などのように所有権の移転時期が変えられていることが普通です。

◎ 契約自由の原則のポイント

1 契約を締結するかしないか
2 契約相手を誰にするか
3 契約の内容
4 契約の方式

宅建業法は消費者保護なので、手付金＝キャンセル料は高額にしたくないのです

1〜4を自由に決められる！

◎ 宅建業法によって民法の契約自由の原則は制限されている

民法	宅建業法
契約自由の原則により、手付金の額を自由に決められる	売主が宅建業者、買主が一般人の場合、手付金の額の上限が2割に制限されている

◎ 契約は当事者の意思が合致すれば成立する

1,000万円でこの家を売ります！

売主　　売買契約成立　　買主

1,000万円でこの家を買います！

ワンポイント

民法の問題は実務の常識で考えない

現実の取引は特約だらけです。実務の常識で考えると、民法の問題は間違える可能性があります。まずは、民法の考え方やルールで考える習慣をつけるようにしましょう。

02 詐欺や強迫による契約は取消しができる

ただし、詐欺は第三者が悪意か過失がある
場合だけ、取消しの主張が可能です

詐欺または強迫が行われた場合には、**契約を取り消すことができます**。詐欺とはだますこと、強迫とは脅かすことです。だまされて売った人や、脅されて買った人はかわいそうなので、詐欺、強迫にあった人には契約を取り消す権利が認められています。そして、取り消された結果、**契約はなかったこと（無効）になります**。つまり、詐欺・強迫によって売ってしまった人は売ったものを、買ってしまった人は代金を取り戻すことができます。

では、取消し前に、第三者が登場している場合はどうなるでしょうか。たとえば右ページ下の図のように詐欺・強迫にあった売主Aが取り消す前に、だましたり脅したりした買主Bからその不動産を購入した第三者Cがいる場合、「契約は取り消された結果、無効になった。その不動産は自分のものだから返せ」と取消しの効果を第三者に対して主張することができるのでしょうか。この問題に関しては、詐欺の場合と強迫の場合とで結論が異なります。

強迫の場合には取消しを主張できる

まず、詐欺の場合には第三者が善意無過失であれば取消しを主張できません。逆に、第三者に悪意や過失があれば、取消しを主張できます。悪意とは詐欺であることを知っていたこと、善意は逆に知らなかったことです。つまり**詐欺によってだまし取られたものを取り戻せるのは第三者が悪意かまたは過失がある場合だけ**ということになります。一方、**強迫の場合には第三者が善意無過失か悪意かを問わず、取消しを主張できます**。

詐欺と強迫とでこのように結論が異なるのは、詐欺の場合にはだまされた人にも若干の落ち度があったといえるのに対して、強迫の場合には脅された人には全く落ち度はないからです。結論の相違の背景には、落ち度がある人よりは善意無過失の第三者を保護しようという考えがあるわけです。

◎ 詐欺・強迫による契約は取り消すことができる

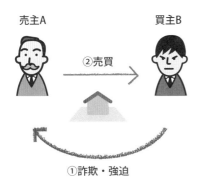

売主A 買主B

②売買

①詐欺・強迫

Bの詐欺・強迫によって不動産を売らされたAは、契約を取り消すことができる。取り消された結果、契約は無効となり、Bは不動産をAに返さなければならない

これを原状回復といいます

◎ 第三者が登場した場合

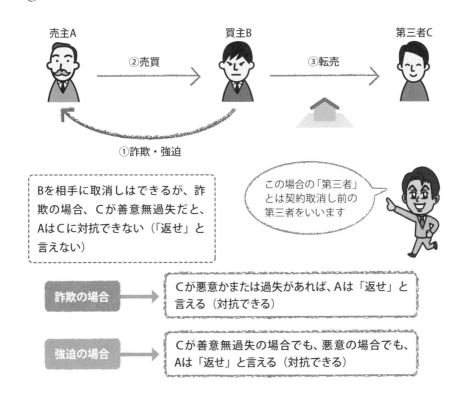

売主A 買主B 第三者C

②売買 ③転売

①詐欺・強迫

Bを相手に取消しはできるが、詐欺の場合、Cが善意無過失だと、AはCに対抗できない（「返せ」と言えない）

この場合の「第三者」とは契約取消し前の第三者をいいます

詐欺の場合 → Cが悪意かまたは過失があれば、Aは「返せ」と言える（対抗できる）

強迫の場合 → Cが善意無過失の場合でも、悪意の場合でも、Aは「返せ」と言える（対抗できる）

03 第三者による詐欺・強迫の場合はどうなる？

重要度 ★★★

詐欺の場合は相手が善意無過失であると
取り消すことができません

　たとえば、右ページ上の図のように、売主Aが第三者Cにだまされて、買主Bに安い金額で不動産を売ってしまった場合など、契約当事者以外の第三者によって詐欺・強迫が行われることがあります。詐欺・強迫にあった場合は取消しができると前項で述べましたが、このような第三者による詐欺・強迫の場合にも取消しができるのでしょうか。もし取消しができれば、上の図でAはBに売った不動産を取り戻すことができます。

　この問題も、前項の取消し前に第三者が登場した場合と同様に、詐欺と強迫とでは結論が異なってきます。まず、詐欺の場合には、契約相手のBに悪意または過失があれば、つまりAがCにだまされていることを知っている、または知らないことに過失があれば、Aは契約を取り消すことができます。逆に、Bが善意無過失であれば、つまりAがCにだまされていることを知ることができなかったのであれば、取り消すことはできません。

　一方、強迫の場合には、Bが悪意であれ善意無過失であれ、常に取り消すことができます。要するに、AがCに脅かされていることをBが知っていた場合はもちろん、知らなかったとしても契約を取り消すことができるのです。

落ち度がある人よりも善意無過失の人を勝たせるのが基本

　詐欺の場合には相手が善意無過失であれば取り消せず、強迫の場合には相手が善意無過失でも悪意でも取り消せるというように両者で結論が違うのは、やはり、だまされた人には落ち度があるからです。一方、脅かされた人には落ち度はありません。**落ち度がある人と善意無過失の人であれば後者を勝たせる、落ち度のない人と善意無過失の人であれば前者を勝たせるのが民法の基本的なスタンス**です。詐欺・強迫に限らず、第三者が出てくる問題を考える際には、この判断基準を手がかりにして考えてみるとよいでしょう。

174

◎ 第三者による詐欺・強迫の場合

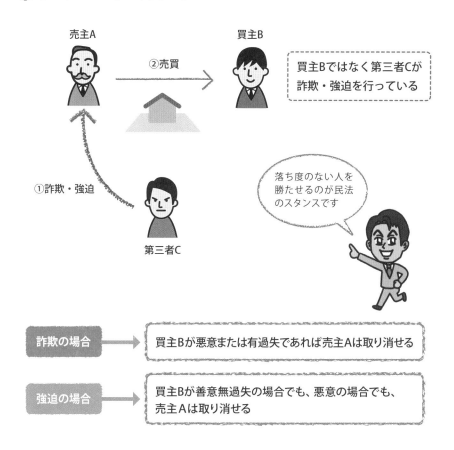

第三者に対しても取消しを主張できる

第三者による詐欺・強迫が行われて取消しをした場合、その効力は契約相手だけでなく、詐欺・強迫行為をした第三者に対しても主張することができます。

04 虚偽表示による
売買契約は無効

意思の合致がないため、
最初から効力がないものとされます

虚偽表示とは、たとえば売主が売る気がないのに売る、買主が買う気がないのに買うと約束するケースです。右ページ上の図のように土地をもっている売主Aがそれを全く売る気はないのに買主Bに「買ってほしい」と頼みます。一方、Bは買う気がないのにAの依頼を受け入れて売買契約書が作られます。このように、売主は売る気がない、買主は買う気がないにもかかわらず契約が結ばれることを虚偽表示、もしくは仮装譲渡といいます。

虚偽表示が行われた場合、契約は無効になります。売主は売る気がなく、買主は買う気がないのですから、そもそも意思の合致がないためです。

第三者が善意でありさえすれば権利を有効に取得できる

この虚偽表示の状態で、右ページ下の図のように買主Bから第三者Cに土地が売られてしまうことがあります。AB間の契約が無効なのですから、Bはこの土地に関しては、本来何の権利ももっていません。したがってBから購入したCも、土地に関する権利を取得できないはずです。だとすれば売主Aに「自分のものだから返せ」と言われたらCは土地を返さなければならないのでしょうか。しかし、CはAが作り上げた「AからBに土地が売られた状態」を信じて買ったのに、土地を返さなければならないのは酷な話です。

そこで、民法では、虚偽表示についてCが善意の場合、つまり虚偽表示だと知らずにCが買ったのなら、AがCに「返せ」と言っても返さないでよいというルールを定めています。さらに、右ページ下の図に示したように、Cが転得者Dに転売した場合には、虚偽表示についてCが悪意でも、Dが善意であればDはAに勝てるとしています。結局、AはCとDの両方が悪意の場合だけしか勝てません。つまり、買主から第三者に渡ってしまった場合には、その後の誰か1人でも善意者であれば、Aは土地を取り戻せないのです。

◎ 虚偽表示（仮装譲渡）による契約は無効

◎ 第三者が登場した場合

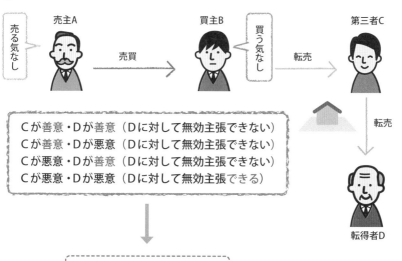

Cが善意・Dが善意（Dに対して無効主張できない）
Cが善意・Dが悪意（Dに対して無効主張できない）
Cが悪意・Dが善意（Dに対して無効主張できない）
Cが悪意・Dが悪意（Dに対して無効主張できる）

善意者が1人でも登場すると
Aは無効を主張できない

ワンポイント

取消しと無効の違い

取消しでは、契約は成立しています。それを後から取り消すことによって、初めにさかのぼって無効になります。一方、無効は、最初から当然に契約が無効となっています。この両者の違いはおさえておきましょう。

05 錯誤による売買契約は どうなる？

取り消すことができますが、重過失があれば
取消しをすることができません

　錯誤とは、勘違いのことです。右ページ上の図で売主Aが甲土地を売ろうと思っていたのに、間違って乙土地を売ってしまったような場合です。

　法律行為の目的および取引上の社会通念に照らして重要な錯誤があった場合、売主Aを保護するために、**錯誤による契約は取り消すことができます。**

　ただし、売主Aの側に重過失がある場合、つまり、あまりにも大きな落ち度があるような場合には、間違ったAよりも買主Bを保護しなければかわいそうだとなり、Aは原則取消しができません。一方、相手方に悪意（錯誤であるのを知っていた）や重大な過失があったときや、相手方も同じように錯誤に陥っていたときには取消しできます。

動機の錯誤は表示されれば取り消すことができる

　錯誤の例として、上記事例の売主Aが売る土地を間違えたような場合があげられます。一方、**動機の錯誤**（法律行為の基礎とした事情についての認識が真実に反する錯誤）というのもあります。甲土地を今売れば税金がかからないと思って売ったところ、後から税金がかかってきたような場合です。この動機の錯誤の場合、錯誤取消しの主張は原則できません。なぜなら、売主Aには甲土地を売るという意思、買主Bには甲土地を買うという意思があり、両者の意思は合致しているので契約は成立しているからです。

　ただし、Aが動機を示していれば、Bも「ああそうか、税金がかからないからこの値段で売ってくれるのだ」などと、契約に関する根本的な勘違いがあったことがわかります。したがって、重要な錯誤と同じに取り扱っても、つまり契約の取消しを認めてもよいことになります。このように、**動機の錯誤の場合も、相手に動機が契約の基礎となることが表示されていれば、取消しができる**点をおさえてください。

◎ 錯誤では契約を取り消せる

甲土地を売ろう

売主A

売買 →

買主B

甲土地

乙土地

重要な錯誤について、契約は取り消せる。ただし表意者（意思を表した人）に重過失がある場合は錯誤による取消しをすることができない

※例外として、相手方も悪意や重過失があるとき、同じように錯誤に陥っていたとき（共通錯誤）は取消しができる

◎ 動機の錯誤

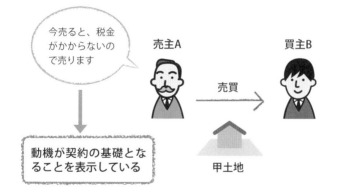

今売ると、税金がかからないので売ります

売主A

売買 →

買主B

甲土地

動機が契約の基礎となることを表示している

動機の錯誤は、契約の動機が相手に示されていれば、契約は取り消せる

重要な錯誤＝根本的な勘違い
動機の錯誤＝きっかけ・軽い勘違い
と覚えましょう

06 制限行為能力者とは？

未成年者や成年被後見人等は
保護の対象となります

　制限行為能力者とは行為能力が、つまり**契約等を行う能力が制限されている者**です。民法では、保護者がつけられたり、取消権が与えられるなど制限行為能力者の保護を目的とした様々な制度が用意されています。

　右ページの表にまとめたように、制限行為能力者には、**未成年者、成年被後見人、被保佐人、被補助人**という4つのタイプがあります。未成年者は18歳未満の者ですが、その他のタイプは、ものごとを理解・判断する能力のレベルで分けられています。成年被後見人は理解・判断能力が全くない、被保佐人は著しく足りない、被補助人は少し足りないというイメージです。

　もっとも、理解・判断する能力が普通の人よりも少なければ即、成年被後見人等になるわけではありません。**成年被後見人、被保佐人、被補助人のいずれも家庭裁判所の審判を経て初めて制限行為能力者と認められて保護を受ける**ことになります。また、その**保護者も家庭裁判所で選任**されます。

被保佐人、被補助人は原則的に取消しができない

　右ページの表のポイントについて触れておくと、まず未成年者のした法律行為は原則として取消しができますが、例外として取り消せない行為もあるので注意が必要です。また、成年被後見人のした法律行為は基本的に取消しができますが、例外として日用品の購入その他日常生活に関する行為は取消しができません。

　一方、被保佐人、被補助人は原則的に、取消しはできません。ただし、例外的に民法で決められた重要な行為であって、保佐人または補助人の同意を要する法律行為を同意なくした場合は取消しができます。被補助人に関しては、被保佐人が取り消せるものから家庭裁判所が選んで取消権を与えます。

◎ 制限行為能力者の種類

種類	対象となる者	単独で行った行為の効力	保護者
未成年者	18歳未満の者	〈原則〉取り消すことができる 〈例外〉下記の行為は、取り消せない 　①法定代理人の同意を得た行為 　②単に権利を得、または、義務を免れる行為 　③処分を許された財産を処分する行為（こづかい等） 　④法定代理人に許可された営業に関する行為	法定代理人（親権者、または未成年後見人）
成年被後見人	精神上の障害により事理を弁識する能力を欠く常況にあるため、後見開始の審判を受けた者	〈原則〉取り消すことができる 〈例外〉日用品の購入その他日常生活に関する行為については取り消せない	成年後見人
被保佐人	精神上の障害により事理を弁識する能力が著しく不十分なため、保佐開始の審判を受けた者	〈原則〉取り消すことができない 〈例外〉以下の①～⑤のような重要な行為は、取り消すことができる（ただし、日用品の購入その他日常生活に関する行為を除く） 　①借金・保証・元本の領収 　②不動産・重要な財産の売買 　③土地5年超、建物3年超の賃貸借 　④新築・増改築・大修繕の依頼等 　⑤①～④を制限行為能力者の法定代理人としてすること	保佐人
被補助人	精神上の障害により事理を弁識する能力が不十分なため、補助開始の審判を受けた者（審判を行うには本人の同意が必要）	〈原則〉取り消すことができない 〈例外〉家庭裁判所が定める「特定の法律行為」は、取り消すことができる（ただし、日用品の購入その他日常生活に関する行為を除く）	補助人

制限行為能力者の
典型的なイメージは、
認知症の高齢者です

本人に代わって
契約等を行う「代理」

効果は本人に帰属し、
代理人がだまされると本人が取り消せます

　不動産業者が売主に代わってその不動産を売るのが典型ですが、**代理**とは本人の代わりに契約等を行うことであり、代理を行う者を**代理人**といいます。代理が有効に成立するためには、①**代理権の授与**、②**顕名**、③**代理行為**という３つの要件を満たすことが必要になります。①は代理の権限を与えること、②は「私Bは、Aの代理人です」などと代理人であることを相手Cに名乗ること、③は代理人と契約の相手方が有効に契約を締結することです。

　③の代理行為が行われたときに、相手方が代理人をだましたような場合には、詐欺にあたるので取消しが可能です。取消権を与えられていれば代理人も取り消すことができますが、そうでない場合には、契約の効力は本人に及ぶため、取り消すかどうかは本人が決めることになります。

代理人か本人が死亡したら代理権は消滅する

　代理権は、右ページの表にまとめたような事情が発生した場合には消滅します。そこに示されている**法定代理**とは法律の定めで自動的に代理人になった場合です。一方、**任意代理**とは、契約に基づいて代理をする場合です。

　法定代理であれ任意代理であれ、代理人が死亡した場合、もしくは本人が死亡した場合には代理権が消滅します。

　また、代理人が破産したら、破産するような代理人は信用できないということでやはり代理権は消滅します。さらに、任意代理の場合に、本人が破産したときも破産管財人が本人の権限を管理することになり、代理人の仕事はなくなるので代理権は消滅します。

　代理人に後見開始の審判が行われた場合も、代理の仕事に必要な能力がなくなったとみなされ代理権は消滅します。一方、**本人に後見開始の審判が行われた場合には代理権は消滅しない**ので注意してください。

◎ 代理の仕組み

本人A 　　　代理人B

①代理権の授与 →

②顕名
③代理行為

④契約関係

顕名とは、相手に名乗ることをいいます

代理の効果は、本人Aに帰属する。つまり、本人Aが契約を行ったのと同じになる

相手C

代理人の具体例としては、訴訟を受任した弁護士やメジャーリーグでプレーする野球選手の代理人があげられます

◎ 代理権が消滅する場合

		死亡	後見開始の審判	破産手続開始の決定
法定代理 （親権者・成年 後見人など）	本人	○	×	×
	代理人	○	○	○
任意代理 （委任による場合）	本人	○	×	○
	代理人	○	○	○

○ 消滅する　× 消滅しない

ワンポイント

制限行為能力者に代理権を与えた場合（任意代理）

未成年者などの制限行為能力者に代理権を与えることもできます。しかし、その場合、本人は制限行為能力者を理由とする取消しはできません。未成年者に代理権を与えたのは本人であり、取り消せなくても自業自得といえるからです。

08 原則禁止とされる 自己契約と双方代理

重要度 ★★★

契約当事者に不利益な結果となる
おそれがある代理行為をいいます

　代理に関する重要な点として、自己契約と双方代理があります。まず、自己契約とは本人から代理権を与えられた代理人が自分を相手として頼まれた契約を結ぶことです。たとえば右ページ上の図のように、Aから別荘を売ってきてほしいと代理を頼まれたBが、自らが買主となってその別荘を購入する場合です。自己契約を認めると、代理人は代金を不当に安くするなど自分に都合のいい契約を結ぶおそれがあります。**代理を依頼した本人がそうした不利益を受けるのを防ぐために自己契約は原則として禁止**されています。

　一方、双方代理とは、右ページ下の図のように、売主AがBに代理権を与え、買主CもまたBに代理権を与えるというように契約の両当事者から代理権を与えられる場合です。売主側の代理人としては、少しでも高く売るのが仕事になります。他方、買主側の代理人は、なるべく安く買うのが仕事でしょう。Bは売主側と買主側の代理人を同時に務めているのですから、どちらかの仕事を全うしようとすれば、片方の仕事は必然的におろそかになります。あるいは、どっちつかずになるおそれもあるでしょう。このように、**自己契約と同様、やはり本人に不利益な結果となる危険があるので、双方代理も禁止**されています。

許諾、追認があれば自己契約、双方代理も認められる

　ただし、例外的に自己契約、双方代理が認められる場合があります。まず、自己契約に関しては、**本人の許諾、追認がある場合**です。許諾は初めからOKすること、追認は後からOKすることです。不利益を受ける本人が承知しているのだから、認めてもよいということです。

　一方、双方代理は、**両当事者が許諾、追認している場合**には認められます。右の例でいえば、売主Aと買主Cが承知していれば契約は有効になります。

◎ 自己契約の意味

本人A

売主

代理権の授与 →

代理人かつ相手B

代理行為

> 代理行為は原則として無権代理（代理権をもたない者の行為）になる。
> 例外的に、債務の履行および本人の許諾、追認がある場合は有効

> どちらも無権代理になるのは依頼者の不利益にならないようにするためです

◎ 双方代理の意味

本人A

売主

代理権の授与 →

← 代理行為

代理人B

代理権の授与

代理行為

相手C

買主

> 代理行為は原則として無権代理になる。
> 例外的に、債務の履行および本人および相手の許諾、追認がある場合は有効

代理の仕事を 代理する「復代理」

復代理人の選任は法定代理であれば可能、
任意代理では原則不可能です

　代理人が別の人を代理人として選び、代理の仕事の全部か一部を行わせることがあります。これを復代理といい、選任された者を復代理人といいます。

　もっとも任意代理の場合には復代理人が原則的に認められていません。つまり、復代理が許されているのは基本的に法定代理の場合です。任意代理は、本人と代理人の信頼関係で成り立っています。本人は、代理人自身が仕事をしてくれると信じて代理を任せているわけです。にもかかわらず、復代理を認めると、本人が全く知らないような赤の他人に仕事が丸投げされ、本人の不利益になるおそれがあるからです。

　ただし、**本人の許諾があれば任意代理の場合でも復代理が可能**となります。不利益を受ける本人が承知しているからです。また、許諾がなくても、代理人が入院をしたなどやむを得ない事情がある場合にも、復代理を行うことが認められています。ただし、復代理人がミスをした場合、代理人が本人に対して責任を負う必要があります。

復代理人が選任されても代理人の代理権は消滅しない

　復代理人が選任されたとしても、代理人の代理権は消滅しません。復代理人を選任した後に代理人としての仕事を続けられなくなると、依頼者の利益に反するおそれがあるからです。

　また、**復代理人の代理権の範囲は代理人の代理権の範囲を超えることはできません**。代理権の範囲が不動産の賃貸に限られている場合に、代理人が復代理人に対して「この不動産を売ってきて」などと言うのはやはり不自然でしょう。さらに、代理人の代理権が消滅すれば復代理人の代理権も消滅します。元の代理権がなくなれば、それを基礎として成立している復代理もなくなると考えるのが自然だからです。

◎ 復代理の仕組み

本人A　　　　　　　代理人C

代理権の授与

選任

復代理人D

代理人は復代理人を選任して、
代理の仕事の全部または一部を
行わせることができる

相手B

| 法定代理の場合 | → | 原則として、復代理人の選任を行える |

| 任意代理の場合 | → | 原則として、復代理人の選任は禁止されている。例外的に、①本人の許諾を得たとき、または②やむを得ない事由があるときは可能 |

復代理人の選任後も
代理人の代理権は
消滅しません

10 権限なしに代理人として行動する「無権代理」

重要度 ★★★

本人が追認すれば、契約のときにさかのぼって有効となります

　代理する権限がないのに、代理人として行動することを**無権代理**といいます。たとえば、不動産業者が依頼を受けていないのに代理人と名乗って他人の土地を売ってしまうような場合です。

　まず無権代理が行われても、本人に契約の効果は生じません。つまり、代理行為は無効になります。しかし、本人が無権代理を追認すれば契約のときにさかのぼって有効になります。

　追認が行われる場合としては、無権代理の相手方が**催告**したケースが考えられます。催告とは、無権代理を追認するか否か返事をするよう、本人に求めることであり、相手方にはそれを行う権利（**催告権**）が認められています。催告権が行使され、本人が追認すれば無権代理は有効になります。逆に追認を拒絶すれば、完全に無効になります。また、本人が何の返事もしないなど**確答がなかった場合には、追認を拒絶したものとみなします**。

相手方は無権代理の契約を取り消すこともできる

　無権代理の相手方は契約を取り消すこともできます。たとえば、無権代理人から土地を買った人は、土地が手に入るのかどうかはっきりしない状態に置かれます。そんな宙ぶらりんな状態を解消するために、契約を取り消して完全に無効にする権利（**取消権**）が認められているのです。ただし、相手方が取消権を行使できるのは**善意の場合だけ**です。悪意の場合、つまり無権代理人とわかっていたら、そもそも最初から契約しなければよいだけなので、取消権の行使を認めて保護する必要はないからです。

　さらに相手方が**善意無過失**のときは、無権代理人に対して**損害賠償**を請求したり契約の履行を求めることも可能です。ただし、**無権代理人が制限行為能力者の場合にはできません**。そこまでの責任を求めるのは酷だからです。

◎ 無権代理の相手方を保護する制度

相手方の できる行為	催告	取消し	無権代理人に 対する責任追及 （無権代理人が行為 能力者であること）
内容	相手方は、追認するか拒絶するかの確答を本人に求めることができる。確答がなければ追認を拒絶したものとみなされる	相手方は、本人の追認のない間は、契約を取り消すことができる	相手方は、無権代理人に対して、履行または損害賠償を請求できる
相手方が 善意無過失	○	○	○
相手方が 善意有過失	○	○	×※
相手方が悪意	○	×	×

○ 相手方ができるもの　× 相手方ができないもの
※無権代理人が悪意であるときは請求可

たとえば、本人の依頼なしで代理人を名乗り、売買するような場合が無権代理にあたります

📖✎ **ワンポイント**

催告で確答しない場合はどうなる？

催告で本人の確答がない場合は、追認を拒絶したものとみなせる、つまり無効になります。本人はお願いしていないのですから、返事をする義務がなく、返事をしないと追認したものとみなされるのは本人にとってあまりにも不利益となるからです。

11 表見代理が成立すれば 無権代理行為は有効

本人の関与の度合いなどによって
3種類の表見代理があります

　無権代理の相手を保護する制度としては、表見代理もあります。表見代理とは見た目が代理人そっくりな者が無権代理を行った場合には、代理行為が有効になるというものです。

　表見代理が成立するためには、**相手が善意無過失であることに加えて、本人に一定の関与が認められる**ことが必要です。本人の関与の態様等によって表見代理は右ページ下の表のように3種類に分けられています。

代理権が消滅した後も表見代理が認められることがある

　まず①代理権授与の表示による表見代理とは、代理権を与えていないのに代理権を与えたと表示した場合です。代表例は**白紙委任状を渡していた場合**です。白紙委任状には本人の名前、住所が記載され、本人の印が押されていますが、その他の欄は空欄のままです。この白紙委任状を渡された人が「不動産売却の件」などと空欄に書き込んで、本人の土地を勝手に売ってしまうケースが見られます。このような場合、白紙委任状を渡した本人にも落ち度があるといえるので、表見代理の成立が認められることになるのです。

　②権限外の行為の表見代理とは、本人の与えていた**代理権の範囲外の行為をした場合**です。たとえば賃貸借契約の代理を依頼していたのに、代理人が売買契約を結んでしまったような場合です。そんな権限外のことをするような人に代理権を与えたことに落ち度があるとみなされてしまうわけです。

　③代理権消滅後の表見代理とは、**以前は代理権を与えていたが、それが消滅していた場合**です。代理人が破産して代理権が消滅した後に、代理人だった者が契約をしたような場合が具体例です。代理権が消えたら代理を依頼した旨を記載した委任状等の書面を、本人は回収しなければなりません。この表見代理はそれを怠っていたようなケースで成立します。

◎ 表見代理の仕組み

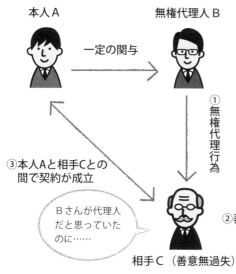

本人A　　　　　　無権代理人B

一定の関与

① 無権代理行為

③本人Aと相手Cとの間で契約が成立

Bさんが代理人だと思っていたのに……

②表見代理が成立

相手C（善意無過失）

原則として、無権代理行為の効果は本人に帰属しない。
しかし、表見代理が成立すると、契約が有効に成立する

善意無過失は、「信ずべき正当な理由がある」という表現でも出題されます

◎ 表見代理の主な3つの種類

	内容	具体例
①代理権授与の表示による表見代理	実際には代理権を与えていないのに、本人が代理権を与えたと表示した場合	代理権を与えていない人に、委任状を渡していた場合（たとえば、白紙委任状）
②権限外の行為の表見代理	本人の与えていた代理権の範囲を超えた代理行為をした場合	賃貸借契約締結の代理権しか与えていなかったのに、代理人が売買契約をした場合
③代理権消滅後の表見代理	本人が以前代理権を与えていたが、それが消滅していたにもかかわらず代理行為をした場合	代理人が破産して代理権が消滅したにもかかわらず、代理行為をした場合

12 時効とは？

権利が生まれる場合が取得時効、
権利が消える場合が消滅時効です

　時効とは、一定の時間の経過によって、権利が発生したり消滅したりすることをいいます。

　権利が生まれる場合が**取得時効**、権利が消える場合が**消滅時効**です。

　具体的にいうと、取得時効は他人のものを自分のものとして 10 年、20 年使い続けるとそれが自分のものになります。一方、消滅時効は、たとえばお金を貸しているのに「返せ」と言わないままでいると債権が消滅して取立てができなくなってしまいます。

裁判の結果、債権が確定すると時効期間は 10 年になる

　右ページの表に時効のポイントをまとめました。重要な点として、まず取得時効は占有開始時に**善意無過失であれば 10 年間**で成立します。つまり、他人の不動産を使い始めたときに、それが他人の不動産であることを落ち度なく知らない場合は、10 年使い続けると自分のものになるのです。

　また、占有開始時に他人の不動産であることを知っていた**悪意の場合は、使い続けて 20 年たつと自分のものになります**。自分の土地を他人が所有物であるかのように使っているのを 20 年も放置していたのなら、その他人のものにしてもよいだろうという考えが取得時効の背景にはあるのです。

　一方、消滅時効に関しては、①一般的な債権は権利を行使することができることを知ったときから 5 年、行使できるときから 10 年で消滅すること、②裁判の結果、債権が確定すると、それまでは時効期間が 10 年より短い債権でも時効期間が 10 年になる点をおさえておきましょう。

　時効完成前に、それまでの期間の経過をゼロに戻すことを時効の**更新**、一時ストップさせることを時効の**完成猶予**といいます。

◎ 時効のポイント

	取得時効	消滅時効
内容	所有の意思（所有権の場合）を もって、平穏かつ公然に、一定 期間、物を占有し続ければ、そ の物に対する権利を取得するこ とができるという制度	一定期間、権利を行使しないと、 その権利が消滅するという制度 所有権は消滅時効に かかりません
対象と なる権利	①所有権 ②地上権・地役権等	①債権 ②地上権・地役権等
時効の 起算点	所有の意思（所有権以外の権利 については、「自己のためにす る意思」）をもって、占有を始 めたとき	権利を行使できることを知ったとき（5年） 権利を行使できるとき（10年） ①確定期限付きの場合 →期限が到来したとき ②不確定期限付きの場合 →期限が到来したとき ③期限の定めのない場合 →債権が成立したとき
時効期間	①占有開始時に善意無過失 →10年間 10年間 ②①以外 →20年間 20年間	一般の債権 →知ったときから5年間と 行使できるときから10年間の 早いほう 知った → 5年間 行使できる → 10年間
時効の 更新	①裁判上の請求 ②強制執行（強制執行の終了） ③承認 ④占有喪失	①裁判上の請求 ②強制執行（強制執行の終了） ③承認 判決確定により 更新となります

※裁判上の請求中、強制執行中、協議を行う旨の合意があった ときから1年間（1年に満たない期間を定めたときは、その期間） が経過したら、時効の完成が猶予される

訴えを提起しても、電話や 内容証明郵便で請求しても、 判決確定までは時効は更新 されません。6カ月を経過 するまでの間は時効が完成 しないという効果はあります

13 約束を破れば債務不履行となる

損害賠償の額はあらかじめ当事者間で
合意することができます

　契約で決めた約束を破ることを**債務不履行**といいます。この債務不履行に関しては、宅建士試験では、**履行不能**と**履行遅滞**をおさえておきましょう。

　履行不能とは約束を守ることができなくなったことです。一方、履行遅滞とは約束を守るのが遅れることです。いずれの場合も、債務者に責任があるときに初めて債務不履行となります。

　たとえば、売った建物が火事で燃えて引渡しができなくなったようなケースでは、売主の寝たばこが原因だったなど、債務者に故意・過失とみなせる事情がある場合に債務不履行が成立します。**建物が地震で滅失したなど、不可抗力のために債務の履行ができない場合には、後述の危険負担の話になる**ので注意してください。

　債務不履行があった場合、債権者、つまり約束を破られた側には損害賠償の請求や、契約の解除を行う権利が認められています。

損害賠償額の予定額を裁判所は増減できない

　損害賠償を請求する場合には、請求する側がその額を証明しなければならないのが原則となっています。しかし、この証明は容易ではないので、通常は、債務不履行があった場合に損害賠償として支払う金額を当事者間で事前に取り決めておくことが多いです。これを**損害賠償額の予定**といいます。また、同様の趣旨で違約金が定められることもありますが、違約金は損害賠償額の予定と推定されます。

　たとえば、AがBに対して「不動産を決められた期日に引き渡すことができなかった場合には損害賠償として500万円を払う」と約束したら、現実の損害額が400万円であっても、600万円であっても、AはBに対して500万円を支払わなければなりません。

◎ 債務不履行の種類

	態様	要件	効果
履行不能	約束を守るのが不可能になること （例）不注意で建物が燃えて引渡しができなくなりました	①履行が不可能であること ②債務者に帰責事由（故意または過失）があること	損害賠償請求、解除
履行遅滞	約束の期日に遅れること （例）家の建築が遅れたため引渡しが遅れます	①履行が可能であること ②債務者に帰責事由（故意または過失）があること ③履行期を過ぎること ④同時履行の場合、債権者から履行の提供が行われていること	

解除は、帰責事由がなくてもできます

◎ 損害賠償の請求

原則　債権者は、損害の発生およびその額を証明しなければならない

例外
（損害賠償額の予定がある場合）

・違約金は、損害賠償額の予定と推定する
・損害賠償額の予定は、契約と同時に行う必要はない
・金銭以外のものによって損害賠償額の予定とすることができる

ワンポイント

金銭債務は履行不能にならない

金銭債務は常に代替が可能であるため、つまりお金がこの世からなくなることはないため履行不能になりません。そのため、天災などの不可抗力をもって抗弁とすることもできません。お金の債務は債務者にとって非常に厳しいという点に注意してください。

どのように契約を解除するのか？

履行不能であればすぐに解除できますが、
履行遅滞では催告が必要です

　前項のように、**債務不履行があった場合には契約の解除も可能**です。まず、履行不能の場合には契約をすぐに解除できます。一方、**履行遅滞の場合は、相当期間を定めて履行を催告することが必要**です。「相当期間を定めて」という点に注意してください。代金の支払が少し遅れただけでいきなり解除するのはかわいそうなので、最後通告をしてある程度の期間は待ってあげなさいということです。

　解除権の行使は、一方的な意思表示だけで行えます。約束を破った者（債務者）の合意を得る必要はありません。ただし、一度解除の意思を表示したら、後から撤回はできません。解除の撤回を認めると解除が何度も繰り返され契約が不安定になるおそれがあるからです。

解除前の第三者が勝てるか否かは登記によって決まる

　契約が解除されると、当事者は**原状回復義務**を負うことになります。買主は買った土地を返す、売主はもらった代金を返すというように元のさやに戻さなければなりません。

　この原状回復義務に関して、第三者との関係で注意すべき点があります。たとえば、Aの土地をBが買ってCにすぐ転売したとします。ところが、Bが代金を支払わなかったので、Aは契約を解除しました。この場合に、詐欺・強迫の取消しと同様に、AはCに対して「建物を返せ」と言えるのかが問題になりますが、解除の場合には、第三者の善意・悪意は関係なく、第三者が登記を得ているか否かだけで勝ち負けを決めます。

　つまり、Cに登記があればCの勝ち、Cに登記がなければAの勝ちとなります。第三者が登記までしていれば保護をしてもよいが、そうでなければ保護するには及ばないということです。

◎ 解除のポイント

解除権発生の要件	履行不能	契約をただちに解除できる
	履行遅滞	相当の期間を定めて履行を催告し、その期間内に履行がなければ、契約を解除できる（不履行が契約および取引上の社会通念に照らして軽微な場合は解除できない）
解除権行使の方法	意思表示	解除は、一方的な意思表示によって可能。ただし、「解除する」と意思表示したら、撤回することはできない
解除の効果	当事者間の効果	①当事者は、互いに原状回復義務を負う ②原状回復義務が、金銭の返還の場合、受領のときからの利息をつけて返還しなければならない ③契約を解除した場合でも損害賠償の請求はできる
	第三者との関係	原状回復の際に、各当事者は、第三者の権利を害することはできない。ただし、不動産が目的物の場合、この解除前の第三者の権利は、登記を備えておかなければ保護されない

> 双方の原状回復義務は
> 同時履行となります

> 第三者の善意・
> 悪意は関係
> ありません

📖 ワンポイント

契約解除を巡るポイント

実務上は、売主は、代金をもらうまでは買主に登記を移転しないのが普通なので、現実には左ページのような第三者との関係を巡る問題はあまり起こりません。試験対策としては、登記があるかないかだけで決める、という点がポイントです。

15 同時履行の抗弁権とは？

相手が領収書を出さなければ
代金を支払う必要はありません

　約束した債務を履行しない相手に対しては、**同時履行の抗弁権**も行使できます。同時履行の抗弁権とは、相手が債務を履行するのならこちらも同時に履行すると主張することを権利として認めたものです。言い換えれば、相手が履行しなければこちらも債務を履行しないと主張できるわけです。

　同時履行の抗弁権を主張できる場合、主張できない場合を右ページ下の表にまとめました。まず、主張できる場合に「❶弁済と受取証書の交付」があげられています。**受取証書**とは**領収書**のことです。要するに、相手が領収書を出さなければ代金を払わなくてよいということです。

弁済が終わってから債権証書は返される

　一方、同時履行の抗弁権を主張できない場合として「❶弁済と債権証書の返還」があげられています。**債権証書**とはお金を貸し借りする際に作成される**金銭消費貸借契約証書**です。つまり借金の証文です。借りたお金を弁済すれば当然、借金の証文は返してもらえます。ただし、利息も元本もすべて弁済されたことが確認できてから、債権証書を返すルールになっています。民法は、基本的に契約の両当事者を平等に取り扱う建前になっていますが、お金の貸し借りに関しては、貸しているほうが若干有利な作りになっているのです。

　また、「❷被担保債務の弁済と抵当権の登記抹消手続」も同時履行の抗弁権が否定されます。住宅ローンを借りた者はその全額を返済して初めて抵当権の抹消を求めることができるわけです。

　それから「❸敷金の返還と建物の明渡し」も要注意です。この場合は、**建物の明渡しを先に履行しなければなりません**。大家は建物を明け渡してもらった後、壊されたところがないかを確認して、もしあれば修理費用を差し引いて預かった敷金を返すという流れになるので、明渡しが先になるのです。

◎ 同時履行の抗弁権

売主

代金債権

買主

支払ってくれる
までは土地を
引き渡しません

引き渡してくれ
るまでは代金を
支払いません

不動産引渡債権

> 売主は、買主が代金を払うまでは不動産の
> 引渡しを拒める。逆に買主は、売主が不動
> 産を引き渡すまで代金の支払を拒める

◎ 同時履行の抗弁権の具体例

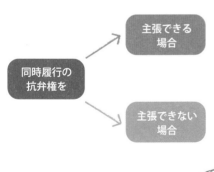

同時履行の
抗弁権を

主張できる場合
❶弁済と受取証書の交付
❷錯誤・詐欺・強迫によって契約が
　取り消された場合の相互の返還義務
❸解除による原状回復義務の履行
❹請負の目的物の引渡しと報酬の支払

主張できない場合
❶弁済と債権証書の返還
❷被担保債務の弁済と
　抵当権の登記抹消手続
❸敷金の返還と建物の明渡し

受取証書は領収書の
ことで、債権証書とは、
契約書のことです

16 危険負担の考え方とは？

債務不履行との関係では
売主に責任があるかがポイントです

　債務不履行とともに、おさえておくべきものに**危険負担**があります。危険負担は、具体的には売った建物が滅失した場合、要するになくなってしまった場合に誰が責任を負うのかが問題となります。

　まず、契約前に建物が滅失しても契約は当然には無効とならず、損害賠償請求できる可能性があります。

　次に、契約成立後に建物が滅失した場合については、売主に責任があるかどうかで変わります。建物が滅失したのが売主のせいであれば（売主の寝たばこが火事の原因であるなど）、債務不履行の話になります。

天災が原因なら買主は代金の支払を拒否できる

　一方、**売主に責任がなく、買主にも責任がない場合**、たとえば地震や台風などの天災が原因で建物が滅失した場合には危険負担の考えによって処理され、**買主は代金の支払を拒絶できます**。また、**買主は契約を解除することもできます**。

　このことを具体例で確認しておきましょう。5月1日に売主Aが買主Bに甲建物を2,000万円で売る契約を結びました。建物の引渡日は5月30日と定められました。その後、5月20日に大地震が発生したため、甲建物は全壊してしまいました。この場合、買主Bは売主Aから売買代金の2,000万円を支払うよう求められても拒むことができます。また、売買契約を解除することも可能です。ただし、引渡し後に滅失した場合は代金を支払わなければなりません。

　なお、**売主に責任がなく、買主に責任がある場合には、買主は代金の支払を拒絶できません**。危険負担の問題は民法改正によって大きな修正が加えられたところなのでしっかりと確認しておきましょう。

◎ 危険負担と債務不履行

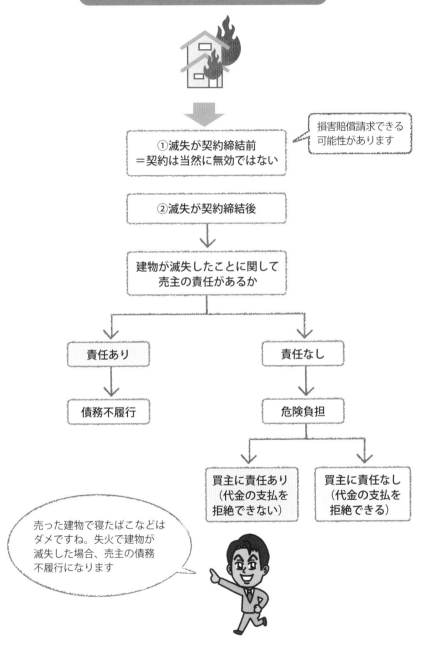

売買契約の対象である建物が滅失

①滅失が契約締結前
＝契約は当然に無効ではない

損害賠償請求できる
可能性があります

②滅失が契約締結後

建物が滅失したことに関して
売主の責任があるか

責任あり

責任なし

債務不履行

危険負担

買主に責任あり
（代金の支払を
拒絶できない）

買主に責任なし
（代金の支払を
拒絶できる）

売った建物で寝たばこなどは
ダメですね。失火で建物が
滅失した場合、売主の債務
不履行になります

17

重要度 ★★★

物権変動は宅建士民法のキモ

不動産の二重譲渡では、
先に登記をしたほうが勝ちます

　物権変動は、宅建士試験における民法のキモともいわれるところです。

　まずは右ページの図を見てください。売主Aが買主Bに対して自己所有の不動産を売却します。このとき、Bが買った不動産は自分のものであると第三者（他人）に主張するためには、登記が必要です。つまり、所有権登記の名義をAからBに移転しなければなりません。登記がないと、ほかの人に対し原則、不動産の所有権を主張できません。これを民法では「**第三者に対抗できない**」といいます。たとえば、上の例でBに売った不動産をAがさらに買主Cに売ってしまったとします。このような**二重譲渡**の場合、Bよりも後に買ったCが登記をすればCが勝ちます。逆に、Cが買った後でも、Bが先に登記をすればBが勝ちます。要は**登記を先にしたほうが不動産を取得**することになります。この結論は、Cが悪意の場合、つまり、BがAから不動産を買っているのを知りながら買っていた場合でも変わりません。

無権利者、不法占拠者、背信的悪意者には登記がなくても対抗できる

　ただし、登記がなければ誰に対しても対抗できないのかというとそうではなく、例外もあります。1番目は**無権利者**です。例としては、目的物の仮装譲受人と無権利者からの譲受人があげられます。2番目は**不法占拠者**です。たとえば、他人の不動産に勝手に住みついてしまったような人です。そして3番目は**背信的悪意者**です。これは先の悪意者とは違い、本当に悪い人です。Aから不動産を購入したBが登記を申請しようとしたのに、詐欺や強迫によってそれを妨害して、その隙にAからその不動産を譲り受けたような人がその例です。これらの人たちに対しては、登記がなくても対抗できます。つまり、「不動産は自分のものだ」と主張できるわけです。

◎ 不動産の二重譲渡

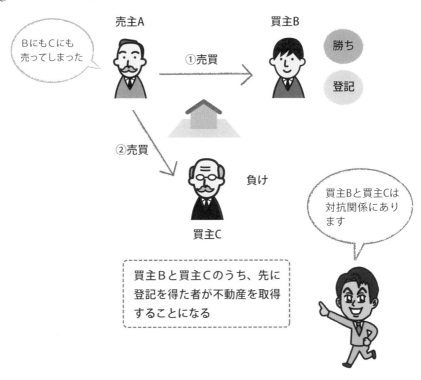

売主A

BにもCにも
売ってしまった

①売買

買主B

勝ち

登記

②売買

負け

買主C

買主Bと買主Cは
対抗関係にあり
ます

買主Bと買主Cのうち、先に
登記を得た者が不動産を取得
することになる

◎ 登記が必要な場合と不要な場合

原則　登記がなければ、第三者に対抗できない

第三者とは当事者
およびその包括承
継人（相続人、包
括受遺者）以外の
者をいいます

例外　次の者に対しては、登記なく対抗できる
❶無権利者
（**具体例**）目的物の仮装譲受人、無権利者
からの譲受人など
❷不法占拠者
❸背信的悪意者
（**具体例**）詐欺・強迫などにより買主の登
記申請を妨害して自分が先に登記した者、
買主を困らせることだけを目的に売主から
所有権を譲り受けた者、買主から買主名義
の登記を申請するように頼まれた司法書士
が自分で買って登記した場合など

18 取消し後の第三者と登記の関係

詐欺・強迫による取消し後に登場した
第三者とは登記の先後で優劣が決まります

172ページで詐欺・強迫によって不動産の売買が行われた場合、取消し前に現れた第三者に対して取消しを主張できるか否かについて触れました。詐欺の場合は第三者に悪意か過失がある場合に勝てるが、強迫の場合は第三者の善意・悪意を問わず勝てると述べました。

では、取消し後に第三者が登場した場合はどうでしょうか。具体的には、買主Bが売主Aをだますか、もしくは脅して土地を売らせた後に、Aが契約を取り消したとします。その取り消された後に、Bが土地を第三者Cに売却してしまった場合です。このように取消し後に現れたCに対して、Aは「その土地は自分のものだ」と主張することができるのでしょうか。

取消し後については登記で勝ち負けを決める

結論からいえば、Aの主張が認められるのか、つまりAとCのどちらが勝つのかは、両者のうち**どちらが先に登記を備えたか**によって決められることになります。したがって、Aが先に登記をすればAの勝ち、Cが先に登記をすればCの勝ちとなります。

なぜこのように登記の先後で決着をつけるのかといえば、AB間とBC間に前項の**二重譲渡**のような関係があるためです。すなわち、Aの取消しによってBはAに土地を戻す義務を負います。一方、Bは売る約束をしたのですから、Cに対しても土地を引き渡す義務を負っています。「B→A」の流れと「B→C」の流れが存在することが、Bが不動産を二重に譲渡したのと同様の状況とみなせるので、登記によって、つまり対抗要件の問題として処理をすることになっているのです。

このように第三者が取消しの前と後のどちらで登場するかによって、問題の処理の仕方が異なってくることをおさえてください。

◎ 取消し後に第三者に売られた場合

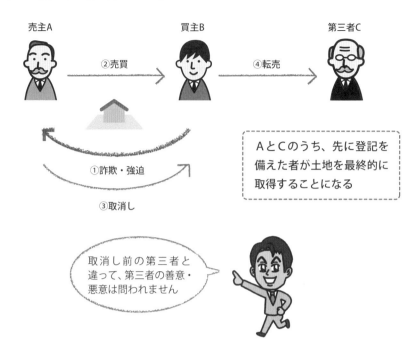

売主A　　　　　　買主B　　　　　　第三者C

②売買　　　　④転売

①詐欺・強迫

③取消し

AとCのうち、先に登記を備えた者が土地を最終的に取得することになる

取消し前の第三者と違って、第三者の善意・悪意は問われません

◎ 二重譲渡と同じ状況が生まれる

売主A　　　　　　買主B

土地を戻す義務

登記の先後で勝ち負けを決定

土地を引き渡す義務

第三者C

上のケースでBはAに土地を戻す義務を負っている。一方、Cに対しては土地を引き渡す義務を負っている。これは不動産を二重に譲渡したのと同じ状況といえるので、その処理も同じ方法となる

19 賃貸借のルールとは？

民法で貸し借りのルールを定めており、
賃借人は借地借家法で保護されます

　賃貸借とは有償の貸し借りのことです。民法では不動産だけでなく、レンタルDVDやレンタカーなどあらゆる物の貸し借りに関するルールを定めています。その主要なポイントについて右ページの表にまとめています。

　まず、**最短期間には制限がありません**。一方、**最長期間は50年**と決まっています。

　また、不動産の賃借権は、登記を行うことによって対抗要件をもちます。つまり、登記をすれば「自分が借りているのだ」と他人に主張できるのです。民法では「**売買は賃貸借を破る**」という言葉があります。買主のほうが借主よりも権利は強い、という意味です。たとえばAがBに貸していた土地をCに売却した場合、新たな所有者であるCはBに対して「自分が土地を使いたいから出て行け」と言うことができます。しかしBが、この土地に関してAC間の売買前に賃借権の登記をしていれば、そのまま使うことができます。

　もっとも、実際には賃借権の登記が行われることはほとんどありません。賃貸人は賃借権の登記に協力する義務がないからです。したがって、通常は、賃借人が賃借権の登記によって保護されることは期待できません。

不動産の借主の保護は借地借家法で図られている

　民法では不十分な賃借人の保護は、一般に**借地借家法**で図られています。ここでは建物の賃借人の保護がどのように行われているのかを見ていきましょう。まず、借地借家法では、建物の賃借権に関しては、**引渡し**でも対抗力をもてるようになっています。引渡しとは簡単にいえば、鍵をもらい借りた部屋に住んでいるというイメージです。たとえばAがBに建物を貸して、そこにBが住んでいれば所有者がAからCに代わったとしても、CはBに対して「すぐに出て行け」とは言えないのです。

◎ 民法上の賃貸借のポイント

期間	最短	制限なし
	最長	50年
	期間の定めなし	可能
期間の定めがある場合の更新		期間満了後の使用継続に対して、賃貸人が知りながら異議を述べないときは、同一条件で更新されたものと推定される
期間の定めがない場合の解約申入れ		当事者はいつでも解約申入れができ、申入れ日から、次の期間の経過で終了する ・土地は1年 ・建物は3カ月 ・動産は1日
不動産賃借権の対抗要件		賃借権の登記

「黙示の更新」ともいいます

◎ 賃貸人に賃借権登記の協力義務はなし

賃借権を登記してください　賃借人

賃貸人　いやです

賃貸人には賃借権を登記する義務はない

◎ 建物の引渡しにより賃借権の対抗要件が発生（借地借家法による修正）

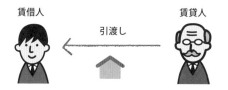

賃借人　　　　　賃貸人

引渡し

建物の引渡しが行われれば、賃借権は対抗要件を備える。その場合、賃貸人から建物を購入した第三者は賃借人に対して、原則退去を求めることはできない

また、民法の賃貸借の期間に関するルールも修正されています。まず、民法と同様、最短期間には制限がありませんが、**1年未満の期間は期間の定めのないもの**になります。これは、期間が過度に短くならないよう、実質的な制限を設けたものといえます。また、最長期間には制限がありません。借りられる期間が長ければ長いほど賃借人の保護につながるので、民法よりも借地借家法のほうがはるかに賃借人にとって有利になっているといえます。

　さらに、**法定更新**も認められています。法定更新とは自動更新です。要は契約期間が終わっても、賃貸人が何も言わずに黙っていたら基本的に契約が自動的に更新されるわけです。

賃借人が出て行かないのを見過ごしていると 契約は自動で更新される

　また、期間満了の1年前から**6カ月前**までに更新拒絶の通知をしない場合にも契約は更新されます。しかも、**更新を拒絶するには正当事由が必要**です。賃貸人が今貸している建物を必要としている事情や賃借人に今まで家賃の不払いがなかったか、ほかの入居者との間にトラブルはないかなど、賃借人側の事情すべてをいろいろな視点から考慮して、正当事由があるかないかが決められます。なので、「立退料を払っている＝正当事由」とはなりません。

　さらに**期間満了後の賃借人の使用継続に対して、賃貸人が異議を述べなかったときも契約は更新**されます。たとえば、6カ月前に更新拒絶の通知をしており正当事由も認められていた。つまり契約更新を拒絶していたのに、契約期間が満了した後、賃借人が出て行かないでいるのをそのまま賃貸人が見過ごしていると、契約は自動で延長になります。この場合、更新後の契約は期間の定めがないものになります。その結果、正当事由があれば解約申入れから6カ月で契約は終了します。

　なお、期間の定めがない場合、賃貸人はいつでも解約の申入れができますが、正当事由が必要です。また、解約の申入れから6カ月経過しなければ退去させられません。賃借人の側からもいつでも解約の申入れができますが、正当事由は不要です。申入れから、3カ月の経過で賃貸借は終了します。

◎ 借地借家法上の建物の賃借権のポイント

借家	期間	最短	制限なし（定期建物賃貸借を除き、1年未満は期間の定めなしとみなされる）
		最長	制限なし
		期間の定めなし	可能
	期間の定めがある場合の更新		[法定更新] ・期間満了の1年前から6カ月前までの間に更新拒絶の通知をしないときは同一条件で更新される（期間は定めがないものとされる） ・賃貸人が上記の通知を行うには正当事由が必要 ・期間満了後の賃借人の使用継続に対して、賃貸人が遅滞なく異議を述べなかったときは同一条件で更新される（期間は定めがないものとされる）
	期間の定めがない場合の解約申入れ		[賃貸人からの解約申入れ] ①正当事由が必要 ②申入れの日から6カ月経過で終了 [賃借人からの解約申入れ] ①正当事由は不要 ②申入れの日から3カ月経過で終了
	建物賃借権の対抗要件		建物の引渡しでもよい

長く借りられるほど借主保護になるので、最長の制限はないのです

借地借家法とは？

建物の所有を目的とする地上権や土地の賃借権の存続期間・効力等、建物の賃貸借の契約の更新・効力等について定めた法律です。1991年に制定されました。

20 賃借権の譲渡や転貸は可能か？

重要度 ★★★

無断譲渡は契約解除となりますが
解除されないケースもあります

　賃借人は賃貸人の承諾があれば賃借権を譲渡したり、**転貸**することもできます。転貸とは**賃借人が別の第三者に貸すこと、つまり又貸し**です。賃借人が賃貸人の承諾を得ずに、賃借権を譲渡・転貸し、第三者に使用・収益させた場合、賃貸人は契約を解除することができます。

　ただし、**特段の事情がある場合には、賃貸人の解除は制限されます**。たとえば、賃借人と転借人が親子であり、子どもの受験勉強に利用させるために自分の借りた部屋を短期間転貸していたような場合です。このような場合には賃貸人と賃借人の信頼関係が破壊されたとはいえないからです。

必要費は「すぐに払え」と言える

　また、賃貸した建物に不具合などがあれば原則として（賃借人に責任がない限り）賃貸人はその修繕を行わなければなりません。それにかかった費用（修繕費）も**賃貸人が負担**することになります。

　雨漏りなど借りた部屋に修繕が必要なところがあるのに賃貸人がなかなか直そうとしないので、賃借人が工務店に頼んで修繕した場合には、その費用を賃貸人に対して請求できます。この修繕費など、借りた建物で生活するために必要となる費用を**必要費**といいます。**必要費はただちに償還請求できます。つまり、賃貸人に対して「すぐに払え」と言えます**。また、有益費と呼ばれるものもあります。たとえば汚れた壁紙の張替えにかかった費用などです。壁紙が汚れていても住むのには支障がないので本来張り替える必要はないでしょう。ただ、壁紙を張り替えたことによって建物の価値は高まります。このように建物にとって有益といえる費用が有益費です。有益費はすぐには償還請求できません。請求できるのは**契約終了時**であり、賃貸人が支出額か、または建物の価値が残っている場合の増加額を選択して支払います。

◎ 転貸の仕組み

賃貸人　　　　　　　　　賃借人（転貸人）　　　　　第三者（転借人）

①賃貸借　　　　　　　　②転貸借

> 賃借人が賃貸人の承諾を得ずに転貸をし、第三者に使用・収益させた場合、賃貸人は契約を解除できる（賃借権の無断譲渡の場合も同様）

◎ 必要費・有益費とは？

必要費　ただちに償還請求できる

有益費　契約終了時に償還請求できる
（支出額または現存する増加額を賃貸人が選択する）

> 有益費は具体的には、壁紙の張替えや機能性の高い窓に替えた場合の費用などをいいます

ワンポイント

転貸とサブリース

宅建士試験では、転貸が「サブリース」という言葉で表されることもあります。実際に行われているサブリースでは、物件のオーナーから業者が借りて転貸を行います。その際、一定額の家賃を保証する家賃保証が行われるのが一般的です。

21 賃貸借が終了すれば転借人はどうなる？

期間満了により賃貸借が終われば
転貸借も終了となります

　賃貸借には建物賃貸借の終了と転借人という論点があります。たとえば右ページの図のように、AがBに建物を貸しています。さらに、この建物をBがCに有効に転貸していました。この状態でＡＢ間の賃貸借契約が期間満了し、前述した解約の申入れの条件も満たされ、自動更新も行われませんでした。この場合に、Aは転借人であるCに対して、ＡＢ間の契約は終了したので建物から退去するよう求めることができます。転貸借は賃貸借を前提として成り立っているからです。つまり、賃貸借がなくなれば転貸借もなくなり、転借人は出て行かざるを得なくなるのです。ただし、即日の退去を求めることはできません。期間満了により賃貸借が終了したことを転借人に伝えてから６カ月間が経過するのを待たなければなりません。

合意解除の場合は転借人に退去を求められない

　では、賃貸借契約が**合意解除**によって終了した場合はどうでしょうか。合意解除とは賃貸人Aと賃借人Bが合意して賃貸借契約をやめることです。結論からいえば、この場合、**Aは転借人Cに対して退去を求めることは原則としてできません**。賃貸人と賃借人の２人の合意によって転借人が退去しなければならないことになるのは酷だからです。

　では、合意解除ではなく、通常の**債務不履行**による解除の場合はどうでしょうか。たとえばBが家賃を払わないのでAが賃貸借契約を解除した場合、AはCに退去を求めることはできるのでしょうか。この場合は、合意解除と異なり、AとBの話合いでCが不利益になることを決めているわけではないので、原則に戻ります。つまり、賃貸借がなくなれば転貸借もなくなるので、Cに対して退去を求めることができます。なお、この場合、**Cに催告して弁済の機会を与える必要もありません**。

◎ 建物賃貸借が終了すれば転貸借も終了するか？

賃貸人A ①賃貸借 賃借人（転貸人）B ②転貸借 転借人C

③AB間の賃貸借が終了

> 賃貸借契約の終了原因によって、ＢＣ間の転貸借が
> 終了するか否かの結論が変わる

賃貸借契約の終了原因	転借人へ対抗できるか否か
期間満了・解約申入れ	賃貸人が転借人にその旨を通知すれば、賃貸借の終了を対抗でき、６カ月の経過によって転貸借も終了する
合意解除	転借人に原則として対抗できない
債務不履行解除	転借人に対抗できる

> 債務不履行解除の際は、
> AはCに弁済の機会を
> 与える必要はありません

ワンポイント

転借人に対する催告が不要な理由

債務不履行による解除の場合に転借人に対して催告が不要とされているのは、契約関係はあくまでもＡＢ間にあるのであって、ＡＣ間にはないからです。つまり、契約関係にない以上、催告する義務をＡに課す理由はないのです。

22 保証金としての敷金とは？

重要度 ★★★

退去時には一切の債務を差し引いて
敷金を返金する仕組みです

　賃貸借に関しては、敷金も重要なポイントの1つです。**敷金と保証金は同じようなもの**です。賃借人が退去するときに、そこから未払分の賃料など賃借人の賃貸人に対する一切の債務を差し引いて、敷金を返金する仕組みとなっています。逆にいえば、賃借人には敷金の返還を求める権利があります。これを敷金返還請求権といいます。

　敷金返還請求権は**建物の明渡し後に発生**するので、前述のように建物の明渡しとは同時履行の関係には立たない点に注意してください。

賃貸人変更の場合は新賃貸人が敷金を引き継ぐ

　敷金については賃貸人が変更された場合、賃借人が変更された場合それぞれの取扱いについても注意が必要です。

　まず、建物が売却され所有者が変わった結果、賃貸人が変更になった場合、敷金は旧賃貸人から新しい賃貸人に引き継がれます。その結果、**敷金の返還義務も売主から買主に承継される**ことになるのです。したがって、賃借人は敷金返還請求権を新賃貸人に対して行使しなければなりません。このように売買契約が行われた場合に、売主の権利義務が買主に引き継がれることになるのは民法の基本的な考え方なのでおさえておきましょう。

　逆に、賃借人が賃借権を第三者に売却するなどして**賃借人が変更になった場合には、敷金は新しい賃借人には承継されません**。万が一、新賃借人が賃料を払わなかった場合、その未払分の賃料を旧賃借人が提供した敷金から支払わせるのは不合理だからです。したがって、この場合、旧賃借人は提供した敷金を賃貸人から取り戻し、新賃借人が改めて敷金を払うという流れになります。このように賃貸人が変更された場合と賃借人が変更された場合とでは、敷金が承継されるか否かの結論が異なるので注意してください。

◎ 敷金のポイント

| 敷金 | 未払賃料など賃貸借契約により賃貸人が賃借人に対して取得する一切の債権を担保するもの |

| 敷金返還請求権と同時履行 | 敷金返還請求権は原則として目的物の明渡しの後に発生する。したがって、目的物明渡債務と敷金返還債務とは、原則として、同時履行の関係に立たない |

> 明け渡さないと大家さんは部屋をチェックできず、敷金の返す額が決まらないからです

◎ 賃貸人・賃借人変更の場合

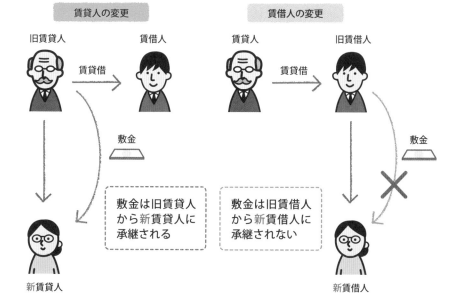

| 賃貸人の変更 | 賃借人の変更 |

旧賃貸人 —賃貸借→ 賃借人

敷金

新賃貸人

敷金は旧賃貸人から新賃貸人に承継される

賃貸人 —賃貸借→ 旧賃借人

敷金

新賃借人

敷金は旧賃借人から新賃借人に承継されない

ワンポイント

敷金と未払賃料の関係

敷金は未払賃料を担保する役割を果たしますが、賃借人の側から「今月はお金がないから、敷金から賃料を引いておいて」などと求めることはできません。

23 借地上の建物の譲渡や賃貸はどうなる？

譲渡には所有者の承諾が必要ですが
賃貸に承諾は必要ありません

　借地権者が借地上の建物を譲渡するためには、原則として、借地権設定者の承諾が必要です。借地権設定者とは土地の賃貸人（所有者）のことです。それに対して土地を借りて建物を建てた者を借地権者といいます。右ページ上の図のようにAから借りた土地の上に建てた家をBがCに売る場合、土地を利用する権利もBはCに移さなければなりません。つまり、借地権も譲渡しなければならず、そのためにはAの承諾が必要になります。

　一方、借地上の建物の賃貸とは、右ページ下の図のようにAから借りた土地の上に建てた家をBがCに貸す場合です。では、この場合も、Aの承諾が必要になるのかといえば、答えは不要です。なぜならBは、もともと建物を建てるために土地を借りているからです。そして、Bはあくまでもその建てた建物をCに貸しているのであって、土地を貸しているわけではないのです。このように**借地上の建物の賃貸には、借地権設定者の承諾がいらない**という点に注意してください。

競落の場合は落札者が承諾に代わる許可を申し立てる

　借地上の建物の譲渡に関連して、借地権設定者の承諾に代わる許可の申立てという制度があります。右ページ上の図でAの承諾が得られない場合、Bつまり**借地権者**は裁判所に「Aの代わりに承諾してくれ」と承諾に代わる許可の申立てを行うことができます。そして、建物を競落した場合にも借地権設定者の承諾が必要となるのですが、それを得られない場合にも、この制度が使えます。ただし、競売の場合は**落札者**が申立てをします。競売の場合には、借地権者が自分の意思で借地権を譲渡したわけでなく、承諾を求めることは期待できないからです。この譲渡された場合と競落された場合の申立権者の違いについては、よく試験に出題されるのでおさえておいてください。

◎ 借地上の建物を譲渡する場合

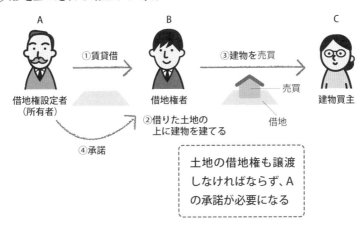

土地の借地権も譲渡
しなければならず、A
の承諾が必要になる

◎ 借地上の建物を賃貸する場合

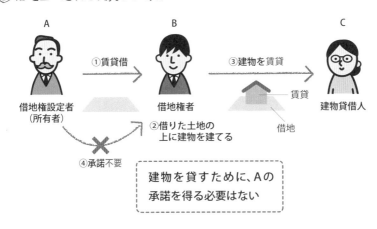

建物を貸すために、Aの
承諾を得る必要はない

◎ 借地権設定者の承諾に代わる許可の申立て

	裁判所の許可の申立権者
借地上の建物が譲渡された場合	借地権者（建物の売主）
借地上の建物が競落された場合	競落人

競落とは、競売物件を落札して
所有権を取得することです

特殊な賃貸借とは？

定期建物賃貸借契約では
一定期間だけマンションを貸すことも可能です

　賃貸借には特殊な賃貸借と呼ばれるものがあります。右ページの上段にそのポイントがまとめてあります。この中で一番大事なのは**定期建物賃貸借**です。たとえば、2年間の海外勤務の間、住んでいるマンションを人に貸したいと思っても、通常の賃貸借契約では借地借家法により賃借人の保護が強く図られているために「下手に貸してしまったら解約できなくなるかも」と躊躇するかもしれません。そのような場合に、定期建物賃貸借契約を結ぶことで、2年間だけ貸して確実に契約を終わらせることが可能となります。なお、**定期建物賃貸借契約は定期借家契約ともいわれており、契約を結ぶには事前に書面の交付と契約書の作成が必要**になります。

建物譲渡特約付借地権は契約書の作成が不要

　特殊な借地権には、①**長期の定期借地権**、②**事業用定期借地権**、③**建物譲渡特約付借地権**の3種類があります。

　普通借地権の場合、土地を建物所有目的で貸すときには、賃貸期間が最低でも30年以上でなければなりません。その借りられる期間をさらに延ばして50年以上にしたのが①です。ただし、期間を長くした代わりに、法定更新も契約終了時の建物買取請求権もなくなっています。また、②は期間を10年以上50年未満の範囲内で設定できます。ショッピングモールの運営など商用目的を前提とした借地権であることから、商売が終わったら確実に退去させるため、法定更新はなく、建物買取請求権も認められていません。それから、③は期間を30年以上に設定することができ、契約が終わったら建物を賃貸人が買い取る特約をつけたものです。

　契約を結ぶ際に、**①は契約書が、②は公正証書の契約書が必要となるのに対して、③は契約書の作成が不要**な点に注意してください。

◎ 定期建物賃貸借等のポイント

定期建物賃貸借

- 期間の定めがある建物の賃貸借をする場合には、書面（または電磁的記録）によって契約をするときに限り、契約の更新がないこととする旨を定めることができる
- 賃貸人は、あらかじめ賃借人に対して、更新がなく期間の満了によって終了する旨を記載した書面を交付して説明しなければならない（賃借人の承諾があれば、電磁的方法で提供することも可能）
- 期間が1年以上の場合、期間満了の1年前から6カ月前までの間に賃借人に対し、期間の満了により賃貸借が終了する旨の通知をしなければならない
- 床面積が200㎡未満の居住用建物賃貸借においては、転勤、療養、親族の介護等やむを得ない事情により、賃借人が建物を自己の生活の本拠として使用することが困難となったときは、賃借人は解約の申入れをすることができる

取壊し予定の建物の賃貸借

- 法令または契約により、一定期間経過後に建物を取り壊すことが明らかな場合に、建物の賃貸借をするときは、建物を壊すことになる際に賃貸借が終了する旨を定めることができる
- 上記の特約は、建物を取り壊すべき事由を記載した書面（又は電磁的記録）によって行わなければならない

説明書面と契約書は別々に作成しなくてはなりません

解約の申入れの日から1カ月を経過することによって終了します

◎ 普通借地権と特殊な3つの借地権

	普通借地権	定期借地権等		
		①長期の定期借地権	②事業用定期借地権	③建物譲渡特約付借地権
期間	30年以上	50年以上	10年以上50年未満	30年以上
法定更新	あり	なし	なし	なし
利用目的	制限なし	制限なし	もっぱら事業用	制限なし
建物買取請求権	あり	なし	なし	建物の譲渡特約がある
書面	不要	必要※	公正証書が必要	不要

※電磁的記録によってされたときは、書面によってされたものとみなされる

25 相続❶

重要度 ★★☆

誰がどれくらい相続するのか？

配偶者は常に相続人となり、
財産の２分の１を相続します

　相続とは、ある人が亡くなったときに、その人の権利や義務をほかの人が引き継ぐことです。亡くなった人を被相続人、引き継ぐ人を相続人といいます。誰が相続人になるのかは民法（相続法）で決められています。右ページ上の図をもとに説明しましょう。Aは被相続人、Bは配偶者、F、Gはその子ども、嫡出子です。嫡出子とは**婚姻関係にある男女の間に生まれた子どものこと**です。FはAが亡くなる前に死亡しています。そして、FにはH、Iという子どもがいます。２人はAから見れば孫にあたります。さらに、AにはC、Dという両親、Eという兄がいます。

　このような状況で、Aが多額の財産を残して亡くなりました。では、この中でAの財産を相続できる相続人は誰なのでしょうか。

　まず、配偶者は常に相続人になります。したがって、Bは相続人になります。それから、**配偶者とは別にもう１種類の人たち、具体的には子、直系尊属、兄弟姉妹も相続人になります**が、相続する順番が決まっています。まず第１順位は子どもです。したがって、F、GはBと共に相続人になります。Fはすでに亡くなっていますが、このような場合、Fの相続分をその子どもたちが代わりに受け取ることができます。つまり、Fのもらうはずだった財産をHとIが代わりに相続できるわけです。これを代襲相続といいます。

兄弟姉妹は子と親がいない場合に相続人になれる

　このケースではC、D、Eは相続人になりません。両親や祖父母などの直系尊属が相続人になれるのは子がいない場合（第２順位）、兄弟姉妹が相続人になれるのは子と直系尊属がいない場合（第３順位）です。また、相続人が相続できる財産の割合（法定相続分）も右ページ下の表にまとめたように、配偶者は２分の１、子は２分の１などと民法で決められています。

◎ 相続人の対象

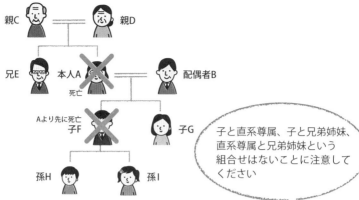

親C ── 親D

兄E　本人A　死亡　配偶者B

Aより先に死亡　子F　子G

孫H　孫I

子と直系尊属、子と兄弟姉妹、直系尊属と兄弟姉妹という組合せはないことに注意してください

配偶者		常に相続人となる
第1順位	子	胎児も含まれる。代襲相続が認められる
第2順位	直系尊属	血がより近い者が優先する。したがって、被相続人に父母と祖父母がいた場合、父母が相続人となる
第3順位	兄弟姉妹	兄弟姉妹についても代襲相続が認められるが、再代襲相続（代襲相続人の子が代襲により相続人となること）は認められない

◎ 法定相続分のポイント

相続人	相続分	注意事項
配偶者と子が相続人の場合	配偶者＝2分の1 子＝2分の1	子の相続分は平等
配偶者と直系尊属が相続人の場合	配偶者＝3分の2 直系尊属＝3分の1	直系尊属の相続分は平等
配偶者と兄弟姉妹が相続人の場合	配偶者＝4分の3 兄弟姉妹＝4分の1	①兄弟姉妹の相続分は平等 ②片親の違う兄弟姉妹は、ほかの兄弟姉妹の2分の1

📖✍ ワンポイント

相続放棄と代襲相続

被相続人の子が相続放棄をした場合には、代襲相続は認められません。一方、①相続開始以前に死亡した場合、②相続欠格事由に該当する場合、③廃除された場合には、代襲相続が認められます。

26 相続②

相続の承認・放棄と遺言

重要度 ★★☆

親の借金がどれくらいか不明であれば
限定承認が有効です

　相続が開始した場合には、①単純承認、②限定承認、③相続放棄という３つの選択肢があります。

　①**単純承認**とは、プラスの財産もマイナスの財産もすべて相続することです。そもそも相続では現金等のプラスの財産だけではなく、借金等のマイナスの財産も承継するという点に注意してください。②**限定承認**とは「相続財産の限度でのみ債務等を弁済する」と限定した形で相続を承認することです。親が残した財産のうちで、借金が多いのか、プラスの財産が多いのかわからないような場合に、借金を全部返してそれでも資産が残ったときだけ相続するというイメージで覚えておくとよいでしょう。③**相続放棄**は、「相続財産は全くいらない」ということです。たとえば、亡くなった親が借金まみれの場合には、相続放棄してしまえば借金を承継せずにすむわけです。

相続放棄と限定承認は３カ月以内に行わなければならない

　相続放棄と限定承認は、相続開始を知ったときから３カ月以内に行わなければなりません。 ３カ月以内に行わなければ単純承認となり、借金も承継することになります。また、どちらも**家庭裁判所への申述**が必要です。裁判所に「相続放棄する」「限定承認する」などと言いに行かなければいけません。

　さらに、限定承認は共同相続人の全員が共同して行わなければなりません。相続人のうちＡは承認で、Ｂは限定承認などという選択はできません。みんなで足並みそろえないとできないという点に注意してください。

　それから、**相続の承認、放棄は原則として撤回できません。** ただし、錯誤や詐欺・強迫による場合は取消しが可能です。

　遺言に関しても右ページ下の表にポイントをまとめておきましたので、目を通しておいてください。

◎ 相続の承認・放棄のポイント

意味	①単純承認 　相続人が被相続人の権利義務の一切を相続すること。プラスの 　財産もマイナスの財産も相続する ②限定承認 　相続財産の限度でのみ相続債務・遺贈を弁済するという限定を 　つけて相続を承認すること。マイナスの財産は相続せずにすむ ③相続放棄 　相続財産を一切承継しない旨の意思表示。プラスの財産もマイ 　ナスの財産も相続しないことになる
時期	・限定承認・相続放棄は、相続開始を知ったときから3カ月以内にしな 　ければならない。期間内に行わなかった場合、単純承認とみなされる ・相続開始前の相続放棄は認められない
方法	・限定承認・相続放棄は、家庭裁判所へ申述 　しなければならない ・相続人が数人ある場合の限定承認は、共同 　相続人の全員が共同して行わなければなら 　ない
撤回・ 取消しの可否	・相続の承認・放棄の撤回は、原則としてできない ・ただし、錯誤、詐欺・強迫による取消しを主張する 　ことは可能

> 取消しの主張は、家庭裁判所へ申述します

◎ 遺言のポイント

遺言の方式	遺言は法律上定められた方式に従って行わなければならない。普通の方式として自筆証書遺言、公正証書遺言、秘密証書遺言の3つがあるほか、特別の方式もある
遺言能力	満15歳に達した者は遺言をすることができる
遺言の撤回	遺言はいつでも自由に撤回できる。遺言者が前にした遺言と抵触するときは、その部分については後の遺言で前の遺言を撤回したものとみなされる
検認	自筆証書遺言（遺言書保管所に保管されているものを除く）と秘密証書遺言の場合、遺言書の保管者が、遺言書を家庭裁判所に提出して、検認を請求しなければならない。検認は、遺言の有効・無効を判定するものではなく、遺言書の形式等を検査・確認し、保存を確実にすることを目的としたもの。そのため、検認が行われなかったとしても、遺言は無効にはならない

重要度 ★★☆

遺留分は最低限の取り分

遺言で愛人に全財産が与えられても
遺留分は取り戻せます

　相続に関しては、遺留分についても要注意です。**遺留分とは、相続人に保証された相続財産の最低限の取り分**です。遺留分の割合は、下の表に示したように誰が相続人であるかによって変わります。**兄弟姉妹には遺留分がない**点に注意してください。

　遺留分のポイントを、土地や預貯金などの財産をもっていたAが亡くなった例をもとに説明しましょう。Aの相続人は妻Bと子どもCです。本来であれば、このBとCがAの財産をすべて相続できるはずです。ところが、Aは、愛人Dに全財産を与える内容の遺言を残していました。Aの財産が遺言どおりにすべてDに与えられたら、BとCは1円も相続できずかわいそうです。そこで、このような場合に、妻や子どもが愛人から、相続財産の一部を取り戻せるように遺留分の制度が作られたわけです。愛人に対して「遺留分に相当する**金銭をよこせ**」と言うことを、**遺留分侵害額請求**といいます。

　請求できる具体的な遺留分の額は、遺留分の割合に相続人の法定相続分の割合を乗じて求められます。上のケースでは全財産の2分の1が妻B、子C全体の遺留分の割合であり、法定相続分も共に2分の1です。

　したがって、Aが残した相続財産の2分の1に2分の1をかけた4分の1がB、Cそれぞれの遺留分の額になります。

◎ **遺留分の割合**

相続人	割合
相続人が配偶者のみ、子のみ、配偶者と子、配偶者と直系尊属	被相続人の財産の2分の1（※）
相続人が直系尊属のみ	被相続人の財産の3分の1（※）
相続人が兄弟姉妹	遺留分はない

※上記割合にそれぞれの相続人の法定相続分の割合を乗じたものが、各相続人の遺留分
　として確保される

◎ 遺留分侵害額請求とは？

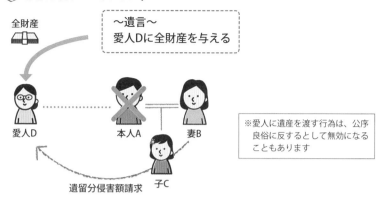

全財産

~遺言~
愛人Dに全財産を与える

愛人D　本人A　妻B

子C

遺留分侵害額請求

※愛人に遺産を渡す行為は、公序
　良俗に反するとして無効になる
　こともあります

◎ 遺留分の割合のイメージ

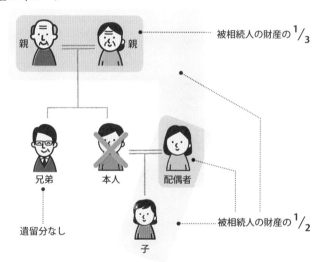

親　親 ────── 被相続人の財産の $\frac{1}{3}$

兄弟　本人　配偶者

遺留分なし

子

被相続人の財産の $\frac{1}{2}$

✎ ワンポイント

遺留分の放棄と相続放棄の違い

相続放棄は、法定相続人が相続人となることを放棄することで、は
じめから相続人ではなかったことになります。資産も債務も相続し
ません。一方、遺留分の放棄は「遺留分」のみを放棄することです。
遺留分侵害額請求権が行使できなくなるだけで、相続人にはなるこ
とができます。たとえば遺言がなかったら、法定相続人として承継
できるのです。

INDEX

水野　健（みずの　けん）

1972年6月5日、東京都新宿区生まれ。モットーは「勉強嫌いを、勉強好きに」。LEC東京リーガルマインドにて、宅建講師歴23年目になる受験指導界のカリスマ。宅建士試験に対する分析と独特な語り口調で多くの受験者を魅了する。さらに、自身で不動産会社と行政書士事務所を開業しており、実務経験も兼ね備えている。
宅建士試験合格発表後は、毎年「宅建登録実務講習」も担当しており、定員締切クラスを量産するほどの人気講師。趣味は温泉で、過去には某テレビ番組の温泉チャンピオンに輝いたこともある異色の経歴の持ち主。

ブログ更新中！「水野健の宅建・合格魂！養成ブログ」
https://ameblo.jp/takkenken1972/

YouTubeでも解説！「たっけんけん宅建合格研究所 by 宅建水野塾」
https://www.youtube.com/@by8652

X（旧Twitter）アカウントは@takkenken2000、
Instagramユーザーネームはtakkenkenでフォロワー募集中！

かいていばん
改訂版 ゼロからスタート！
みず の けん たっけん し さつ め きょう か しょ
水野健の宅建士1冊目の教科書

2023年10月13日　初版発行
2024年 9 月20日　 3 版発行

みず の　けん
著者／水野　健
とうきょう
監修／LEC東京リーガルマインド

発行者／山下　直久

発行／株式会社KADOKAWA
〒102-8177　東京都千代田区富士見2-13-3
電話　0570-002-301(ナビダイヤル)

印刷所／株式会社加藤文明社印刷所
製本所／株式会社加藤文明社印刷所